Double — Half

兩倍半島

中南半島移動事件集

船橋彰——著

1984
東南亞
FAR EAST MINI ENGLISH-CHINESE DICTIONARY
3M

[i] *Molto allegro*

頗快板

台灣——新店 基隆

中國——廈門 廣州 陽朔 桂林 南寧

越南——河內 順化 會安

[ii]

Andante 行板

寮國——沙灣拿吉 永珍 旺陽 龍坡邦 會曬

泰國——清孔 清萊 美斯樂 派

Minuetto 小步舞曲

泰國——清邁 素可泰 曼谷 安帕瓦 桑卡拉武里 華欣 春蓬 龜島 合艾

[iv]

Allegro assai

甚快板

馬來西亞——檳城、吉隆坡、馬六甲

新加坡——新加坡

台灣——桃園、新竹、台南、新店、景美

[i]

Molto allegro

頗　快　板

別再對旅行釋出輕薄的話語，
請務必誠實。

a01 房間八號

「你還是得搬走，因爲我不保證可以把空房租出去，如果找不到人來住，我也會搬走。」高中同學也是室友兼二房東的W告訴我。

當初住進這處位在新店的老公寓，是因爲W空了一間房缺室友，並不是我刻意找的。不合常理的銳角型社區配置將陽光遮去大半，加上十幾公尺旁的瑠公圳有些沾黏在印象裡的異味，老實說一開始我並不喜歡這裡，不過省去找房子的麻煩，懶惰朦朧美化了感官意識，結果一住就是兩年，現在要搬走也是有些不捨這裡的靜瑟區位和便宜房租。

我本來打著如意算盤，想靠著與二房東的十幾年交情，准我把家當統統堆在當成儲藏室用的客廳裡，好讓他把空房租給其他房客，等我回來再另覓住處。萬一最後家當們還是沒有著落，也頂多就把它們搬回老家。畢竟省下三個月的房租，少說也是我一個月的旅費，足以讓我在行程裡多塡上一個陌生國家。所幸在此失策時友人R伸出援手，我只要在出國前把住處清空，把「一個在台北的家」打包，運到R的頂加客廳。感謝R，即使你家在六樓，也比台南近得多。

自從離家北上求學後，就開始異鄉的租賃生活。算來是第十六年，第八號房間。我習慣在搬家前儀式性的將渾沌房間留影，同時也記錄下家徒四壁的之前、之後。不過這次前所未有，並非把家搬到另一個家，不只是換個地方，而是把家暫時凍結騰空，旅行回來後再解凍落地，是逐旅行而居。

六月十五搬家，六月十六整理行李，六月十七出國。

六月十七日早上，最後把腳踏車搬到R的陽台上停妥，和他用過餞別午餐後，回到家把剩餘的家當裝進登山包，也就是我要帶上路的行李。我赫然發現，其實昨天我就已經開始旅行。

我在一個空盪的房間住了一晚，幾件衣服內衣褲、電腦相機、盥洗用品、鬧鐘雨傘，身邊盡是散亂一地的生活必需配備。欸，旅行住進旅館不就是這幅模樣而已，原來這樣就夠讓生活運作。離開家等於開始旅行，這次家提早解散了，當然旅行也就應聲啓動。因爲搬家，我的旅行提早了一天，在出國前就已經開始。這回，旅行又越過了原來日常的邊界幾吋。

有時候我漫無目的不找些什麼，就是想要有人陪。短暫幾個小時或排遣一下午的孤獨，幾天數個月也好，有緣是朋友或情人就陪久一點，無緣短暫也不見得不美麗。我說的也是房間，一夜、三天或兩個禮拜，春天夏天再回到冬天，大學四年或大半個人生。在關上門後獨善其身，並且安穩的封存一段日子，此些對人事時地物的感情都足以稱之爲一段旅行。

這次出房門，是不說再見，是沒有熟悉的溫存在等候著。就如同未來路上的每一家旅館，一家接著一家，不是八號房間，也非九號房間，是各式的房間，各樣的房東，各色的室友，在時空序列上新鮮如期。

帶不走的床墊書桌電視，是上個房客留下的，我只帶走六十公升以內的失根裝備。我在無人的客廳自拍下出發前的肥胖身影，作爲旅行實驗作用前的對照組。W不在家，我背著大紅色登山包繞了這個家一遭，房間後陽台廚房浴室客廳，出門。面對我家，倒退幾步告別。帶上木門，闔上紗門，把最後一扇鐵門放回到原位，插進鑰匙，逆時針轉兩圈半，上鎖。頓時，這鑰匙不再有密碼，只是個啷噹吊飾。背對著一幢不是我家的屋子，下樓，離開。

接下來的八十八個日子，我不在家，家也不在。

第一次隻身旅行時我二十六歲，當時還是個研究所學生，碩士論文也還沒完成。那是一個再平凡不過的春天了，我卻忽然想一個人出國旅行。兩個關鍵字「一個人」、「出國」，那是我沒做過也沒想過的事，好像可以得到一種掀開描圖紙的清晰美感，忽然很想嚐鮮。訂機票訂住宿買旅遊書一步一步來，我到了櫻花剛落盡的東京。

會成行真的一點原因也沒有，神來一筆的念頭。在這之前我只和大學同學去過一次香港，當了團體的拖油瓶什麼也沒插手，除了丟了護照台胞證讓我成了主角以外，其餘就負責跟著走，我記得我們每天都到旺角逛街血拼。一直到現在我還是很怨嘆，神的一筆丟得太遲，以至於學生的額度就快用盡才嚐到旅行的美好，那可是最無憂無慮的旅行黃金年代啊。

東京，十一天。決定十一這個數字的理由很簡單，一個星期太短，兩個星期太長，折中一半十一天，預算和假期也能恰當的掌握。十晚住宿費也剛好把單價乘以十即可，非常好算，幸運的話還有長住的折扣可拿。完成首次隻身旅行後，回味起十一天的東京，從容又充實，新奇又回甘。

我想，十一天對單一個城市來說還是有限，不過對無法抽空長期旅行的人來說卻很適切。用一個半星期的時間生活在同一個城市，足夠把點狀概念的景點式旅行，彼此拉開成有點面積的片狀生活體驗。我就開始鍾情這個長度觸感的城市旅行，隔了半年又去了位於對角線的曼谷，也是十一天。

我會在旅行最後一天起飛前許願，把下個想去的城市寫進明信片，從機場寄給自己，很幸運的到目前爲止都實現了。

每每在機場，我要不是從台灣出發，就是要飛回台灣。我看著那些西方人或日本人從曼谷飛到台灣，或從台灣飛到新加坡，他們肯定不是從自己國家起飛，也不是要回國，我也想那樣。於是我在機場許下更大的願，我要從「國外」飛到「國外」，很幸運的也實現了。利用必須轉機的機票，從首爾飛到上海，一次收集了兩個十一天城市，十一乘以二等於二十二天。我開始計算風景，設計旅行。

旅行養大了一倍，我的胃口也撐大了一倍。二十二天又倍增爲四十四天的印度行，今年夏天我又完成了八十八天的中南半島行。自以爲旅行設計師，把世界地圖墊在下層，好像用尺規畫起了行程地圖。十一天給城市，四十四天給國家，八十八天給跨國的半島，這是我自得其樂的「亞洲旅行倍增計畫」。

十一天、二十二天、四十四天、八十八天，未完成的一百七十六天、三百五十二天，是我自訂的旅行曆法。旅行慢慢長大，在生活中的比重越來越大，哪一天會在我的生活中過半呢？或是給旅行佔滿了人生？但又反問自己，我想要讓不安定的旅行生活佔滿嗎？目前還無法回答。

一週半、三週、一個半月、三個月、半年、一年、兩年甚至更長，把天數換算成我們估算生活的常用單位以後，我們對這些長度的時間一點都不陌生，是日復一日年復一年的生活著，有時甚至麻痺無感，時間輕如空氣，兩倍又如何？若一旦把這些單位套用在旅行上，可能多數人會覺得那是科幻片裡的變種生物，不存在也與自己無關，但其實它平易近人得可以在市場上秤斤買到。還好，在二十六歲那年我學著秤出這些時間的重量，現在我握有要買多少的選擇權。

此刻試著再回答一次，或至少想像，旅行一次可以多久？

a03 左轉

用幾句話簡述我的八十八天行程，「左轉出海，一路向南。從新店到新加坡，緊貼地球表面。」自基隆港搭輪船到廈門，以巴士或火車途經中、越、寮、泰、馬等國，到達中南半島最南端的新加坡。

要出國了，巴士反常的不開往桃園機場，而是開往基隆港，這次我要搭船前往廈門。這次的旅行是一條線，線頭繫在新店，線尾綁在新加坡，途中要「經過」什麼地方？「停留」幾天？經過和停留就是這條線要在哪裡打結，把我的旅行固定在中南半島上，出發之前不知道這條線會是什麼形狀，總之得在八十八天後抵達新加坡樟宜機場，趕上一早七點十分的飛機飛回台北。

於是這條線要鬆要緊要幾處打折還是繞圈都放手給旅行中的自己決定，有目的地，卻沒有路線，行程圖只在旅行結束後才畫得出來。廈門也是這個理由決定的，只要我從台灣左轉，跨海到了中國，小島成了大陸，就能夠連接到大半個地球，這才發現跨越台灣海峽對我竟是個這麼關鍵性的動作。

而緊貼地球表面，只是我的選擇性旅行概念潔癖。

前往基隆港的巴士上，我的前座椅背上有個應景的立可白塗鴉，歪扭的字體寫著：「世界好可怕！」我有些強顏歡笑的看著這幾個字。其實要上路了，對於從未經歷過的三個月旅行，心裡是矛盾的、煩躁的、緊張的，並無法如往常帶著前一夜睡不著覺的興奮心情出發。

長期旅行和出去玩個幾天，出發前的心情是截然不同的，也許可以試著比較一下情人和老婆，情人即使已是最愛，要步入婚姻心裡還是會有顧慮。那麼長的一段路，那麼多個白天黑夜，我能否與如此大量的陌生和孤獨相處？

登船處位於基隆港西岸的旅客碼頭，我提早了兩個小時來，也算是提早兩個小時抵達了中國。二樓的大廳滿是陸客的高調談話，雙手提滿了鮮豔包裝的禮盒滿載而歸，台灣行遊樂的雀躍即使在歸途上也絲毫不減。在慌亂的櫃檯旅行社導遊這邊呼喊張三那邊點名李四，我等候了好一陣子讓現場恢復冷靜，船公司服務人員才發現了我這稀有散客。確認身分、繳交清潔費、領取登船卡，六點入關登船。

除非向下望著船舷割破海面的浪花，否則輪船的巨大和緩慢讓我難以察覺改變。表定的七點鐘不到，我發覺船已經提早離岸，我趕緊撥手機給P和A，他們說好要來港口和我揮手道別。等他們氣喘吁吁的衝刺到港邊，輪船已經像倒車般方向盤右打到底駛出了停車格，我有如鯨魚身上其中一個小斑點，張大身體用力揮手，這首〈惜別的海岸〉也算唱得入戲三分了。

船上唯有的四名散客被升等到有海景的豪華房，一位是遊走四海以日英翻譯為生的美國青年，台灣的昂貴住宿費逼他逃往下一站；我的下鋪是一位退休的大哥，喜歡到中國隻身旅行，這回是第二十三次了；還有在大陸經商的劉先生，他似乎跟這艘船很熟，除了睡覺整個航程幾乎都不在房間裡。

多數的中國遊客則被分配在船腹中沒有對外窗的標準房，經過窄小的走道有如來到了他們村裡的巷弄，洗好的內衣褲就大剌剌晾在街旁窗邊，三姑到處串六婆門子鬧得像菜市場，連滯悶的味道都學得很像，這艘客貨兩用輪的確是中國籍無誤。

船剛離岸，還在基隆港內，我用這從未有過的視角觀察著港岸，眼光落在西岸一棟破舊建築上，那是海軍單位。我想起一段服役時曾到此出公差的日子，那時常看到許多抽中金馬獎的菜鳥，領著補給品等候上船的愁苦臉龐。其實有機會去外島過上一年半載也是個難忘經驗，旁觀者我那時是這樣想的。

此刻，要離家出航的是我，一樣的不安，理由不太好意思說，只是旅行。船熟練駛出窄小的基隆港，天色轉黑，右邊點點漁船銜起基隆嶼，相機對不到焦。我用僅存兩格訊號的手機播出一通電話：「嘿！船出海了，超級興奮的啦！」可能我在說謊。

Taiwan Next，廈門。而今天只是八十八分之一。

上岸，身體像電池耗盡的爵士樂手終止了一夜搖擺。想像腳下這堅硬土地可以一路從廈門延伸到新加坡，世界就寬闊了起來。

接下來，我只須一路向南，直至陸地消失爲止。

旅行會有意義，但是否需要理由？安藤忠雄蓋房子，林書豪打籃球，吳寶春做麵包，而旅行是我和自己玩的遊戲而已，好像也不需要理由，但我樂於給自己設下遊戲規則。如果陸地不曾中斷，若不趕時間，那麼我又何須起飛？在巨大的機器中飛行，屈膝禁錮的封閉監牢，窗外是壞掉的液晶螢幕一片慘白或黑暗，讓我對這世界有種事不干己的疏離感。

我可以在路上走，我可以經過我愛的風景，把手伸進湖裡的水波，把手攀在關不上的車窗邊納涼，這樣好多了。距離反應在時間，地表作用給身體。臥鋪巴士、火車、麵包車、腳踏車、輪船、渡舟，總得「駛過」我所要旅行的境地。即使我不是高明的玩家，不擅長採集沿途的風景標本，那麼一旦走過這段路、這些時日，我也已寫好了作業。從這，到那。

中南半島是旅行菜鳥的初階班，我藉題練習這條一去不回頭的路線，此時我的旅行意義已不建構在「到何處旅遊」，而是自己與旅程本身。

在A國海關前下車，過關後走路或搭車越過國界，再至B國海關通關上車進入B國，兩個關口夾著一片曖昧地帶。在B國等候的可能是同一部車，也可能換了一部車。台灣的國際身分特殊又屬背包客小眾，這時護照的顏色又會替我的膚色多嘴一番，塡好幾張失蹤才用得到的證明，掏出幾十美金的簽證費，有時加上車掌大哥的關照，讓我每次都有驚無險的順利通關。

這時我通常已是最後一個上車的，要爬上最後一個位於上層的鋪位是手腳並用的極限運動，因爲可能連走道上也睡滿了人。臥鋪巴士要求脫鞋才能上車，以防你在攀爬過程中踩到其他乘客的臉而留下鞋印。這過程比通關還費力，不過不會有人用懷疑的眼神注視你雙眼，因爲我們是同一國／車的，我們是朋友，我們要去同一邊。

出發前請旅行社代辦越南簽證，小姐聽我說了行程，她說：「很難從你們這種背包客賺到錢耶！」瞬間整個旅行社的小隔間好像都用耳朵白了我一眼似的。除了越簽和台胞證，其餘國家落地簽都是可行的，打算在一路上搞定。

在台灣我們四海爲鄰，出國就是搭飛機。在東南亞這片大地上，越過一個國家只是越過一條線這麼輕便，於是我搭巴士出國，搭小船渡河出國，走路出國。當然國界仍然存在，但我總搞不清楚同車的乘客是什麼國籍，這邊還是那邊，他們本來就很習慣在不同國家間來往，這些「跨國巴士」對他們來說意義只是「巴士」。

旅是做客他處，行是移動，旅行包含大量的移動，若我們視移動是旅行的一部分，就不會在中山高上對四小時不到的車程不耐開罵。從寬廣的大陸一路縮減成彈丸小島，一路上越過了七個國界，大小車船等長途交通工具，包含去回船票、機票，一共 20,693 占了總花費的四分之一。歷時二百個小時，平均每小時一〇三元。

當我又精算起住宿費，發現記帳資料少了那麼幾晚，是在夜車裡度過了。走道旁有成排可容身的空間，小了點、舊了點、晃了點，火車、巴士、輪船是睡醒後不會在原地的旅館，趁你恍惚之時移動，好讓乘客們在醒來前撤掉黑夜換上嶄新的布景，又是陌生新奇的一天，旅行就因移動而令人保持興奮與期待。

我喜歡我的旅行是一首台語歌，運用最簡白的歌詞和旋律，即使用唸的，細膩的語調也有親切撩人的情感。從前奏走到最後一顆音符，繞了再多轉音，休息了N個八拍，重複了六百次副歌。一路向南，唱了八十八天八十七夜，也走過了一個季節。

a05 統一與中國

（我想，這個標題會令人想直接翻頁。）

昨晚入睡前，我提醒自己隔天一定要在陸地從海的那端浮現前醒來。升等後的豪華房理應擁有海景，不過玻璃被海浪甩上一層霧濛水氣，只透得進天已亮起的光。房內一共六個床位睡了四個散客，美國青年用棉被蒙著頭還在睡，下鋪的大哥已經摺好棉被不在床上。一早七點鐘我抓起相機到甲板上迎接我第一個在海上醒來的早晨。

不知道是天氣不夠好還是早晨的海上水氣都這麼重，好像四處都開了灑水噴霧器，從船上到海面都濕成一片，有些寒意。視線有三成模糊了，相機對焦得吃力，陸地雖然尚未現身，但眼前有好幾艘不遠的貨輪，用我趨近於零的航海知識瞎猜，應該快靠岸了吧。

第二次到甲板上，陸地不只露面，是已經措手不及的袒胸露背。好吧，廈門早安。你是高樓大廈，你是壯觀的跨海吊橋，你比基隆港新穎大器，還有，你是一座島。認不出這沒見過面的網友，原來你這幅模樣。

這是我第一次到上海以外的中國。

其實廈門兩字並不陌生，但除了小時看過的《廈門新娘》台語連續劇，其餘就不曾多想，只是聽過。雖然每個未曾拜訪過的地方都可如此形容，不過廈門是靠我們最近的中國，我們可能是同種一人，說同樣的語言，只是由不同主權統治。旅行的第一站是這樣的角色，出國兩字就變得曖昧，就當是弱奏響起的前序曲。

我把在台灣就換好的人民幣紙鈔，向碼頭裡速食店的小姐換成銅板，順便詢問如何搭公車進市區。小姐說：「先生，您要硬幣是嗎？公交站在出去後右拐一百米。」銅板是硬幣，公車是公交，右轉是右拐，公尺是米。不同也相同，有趣的是我們站在櫃檯兩邊都懂這不同與相同，無須解釋。

廈門是中國重點旅遊城市，又正值端午假期，5A級國家旅遊景區鼓浪嶼或重建於明代的南普陀寺，幾個必訪景點都爆滿了中國遊客。不同於以往的旅行經驗，投宿的青年旅館清一色是大陸人，街上外國旅客也不多，用閩南語就可以親切溝通問候，就像是在台南與父母親戚閒話家常。尤其當我來到人潮最洶湧的中山路步行街，樣樣食物小吃飲料點心正宗山寨都號稱台灣最火，就連電音三太子也可以買回家。「台灣特色廟會」正高喊熱烈歡迎，歡迎我，我這台灣人。

第二天下午參觀完廈門大學後，我搭公車沿著環島公路往東海岸去。如果金門可以看見廈門，我在廈門也應該可以看見金門吧？對照著全開地圖，我推敲該在哪站下車。直至左手邊出現「一國兩制統一中國」八個足足有五層樓高的巨大紅色鐵鑄簡體字，我就毫不遲疑的在最近的停靠站下車。無關政治砲彈，當年國民政府向中共廣播精神喊話，現在彼岸這八個字卻在旅途中喊得我興奮極了，好像來到這八個字前，就置身一段歷史進行式一樣。

「對面就是金門嗎？」我用手指著，向一旁顧收費望遠鏡的大姐確認。

「是啊，對面就是金門！左邊是泉州，右邊是漳州。你打哪兒來？」大姐視線沿著我手指的拋物線方向看了一眼。

「我從台灣來的，但是沒有去過金門。」我有點不好意思。

「可以過去看看，很好玩的。」大姐沒有質問我台灣人怎會沒去過金門，反倒以本地人的口吻推薦給我。

廈門可以透過小三通到金門，甚至還有坐船賞金門的套裝行程。如果我現在就去金門，那豈不是出國的第二天就回國了嗎？

八個大字跟前是乾淨公路和美麗海岸，遊客到此一遊拍照紀念，我幫一對騎協力車經過的情侶拍合照，男生對女生不正經的打鬧：「我是共軍，你是國軍，我來統一你啦～～！」統一是個超商裡的飲料品牌，中國是個廉價又強大的民族概念，而根據我手上的廈門地圖，金門是泉州市的行政區。

我跟他們兩個一樣，精采／開心的時候會拍手叫好，在看戲／風景而已。

走出巴士站潛入地鐵，穿過大半個忙碌的廣州，躺進東山區老宅裡的青年旅館下鋪，照例夜行後一整個下午豪氣的補眠。近晚醒來時，廣州已浸在雨中，連著未來的三天也都濕成一片。我在下鋪呆望著上鋪的木板，回想印象裡的廣州，擺開提及孫中山革命的歷史課本不談，知道說粵語、飲茶、吃燒臘其實是從香港借用來的，除了幾年前聽同學來了廣州工作以外，實在沒有概念。

雨氣腐蝕意念，疲累時想起未來漫長的旅行更累，革命已經成功，我繼續躺著也無不可。同學在知名的外商設計公司工作，腦子閃過她提起過幾年前完工的廣州大劇院，閃耀著札哈大師光環。我不是建築集點朝聖團愛好者，不過進入東南亞大陸之後，就少見這些衣冠楚楚的菁英主義玩具了。想著在廣州賺取高收入的同學或同事們，想著我慢慢岔開的建築之路，此時喚起了一絲建築魂，對建築的愛與恨又湧了上來。

撐起傘走進雨裡的珠江新城，中國南方的建築競技場，刺穿烏雲的大樓群彷彿由鈔票疊起，快速發展中還見不到頂。這南方第一大城除了長高也想深厚胸膛，圖書館、美術館和劇院也在這示範區端坐集合，前些年亞運開幕風光的海心沙公園也在附近，廣州塔小蠻腰則插在珠江另岸。

繞到劇院臨江側入口，看到兩顆札哈阿姨設計的大石頭，澆濕的水痕在暗灰色石材上像一對姊妹哭花了臉，反正不怕醜，雨天下午沒啥客人上門，不防水的睫毛膏也不急著擦，拍起照來比我還沒元氣。

國際競圖讓札哈哈蒂在中國的第一件作品落腳廣州，先撇開設計不談，以名牌替城市加分是好事一樁，台灣也漸擅此道，大師建築支票成爲政客常用的詐欺招數。巨額耗資的「圓潤雙礫」即便在建造之初引來不少爭議，市民質疑廣州歌劇人口是否足夠撐起一座世界級劇院，但至少如今這建築是活生生的在我眼前，不只是空氣聞香而已。以前的劇院蓋得像皇宮大廟，現在的音樂廳蓋得像雞蛋石頭，非置評論，名牌帶來新的衝擊，不只是鍍金過水。

若有機會，甚至是不期而遇，我喜歡在旅行中欣賞演出，可同時見識到城市文化的硬體與軟體。我用八十元人民幣買了當晚演出最便宜的票，想藉由眞實聆聽一場音樂會「使用」大師建築。開演之前職業病一犯又是不停的拍照，大廳、穿廊，甚至中場休息的觀眾席和舞台，從裡到外爬上爬下，用體感閱讀書本螢幕外的空間。

用流暢線條構成空間是建築師札哈的招牌，有機造型的礫石內包裹著另一顆白玉石，大石包小石間差異的空隙，即是進入大門後到觀眾席的中介空間。灰樸的外表有純白光潔的襯裡，連續三角分割的開口讓夜裡的透光在石縫裡結了水晶。

不只外觀邊角造型突變，觀眾席也是不對稱的環抱著舞台，劇院內部宛如繁星點點的石灰岩洞穴裹上了一層太妃糖衣，而非傳統規矩的方正鞋盒狀空間，音響反射因此曲折多變。斜柱歪牆或彎曲的壁面，建築元素角色不明，空間剩餘的結果令人意外也困惑，除了樓梯踏階，看不見明確切割的兩個介面，物質邊界總是曖昧圓滑的跨過脊線，視覺連同聲音都因陌生在空間裡暈眩漫射。

流線的表層後撐著厚重交織的結構，望著科技冷感的室內，迷幻張嘴之餘我並不怎麼動心。今晚是中國某音樂學院演出馬勒第五號交響曲，澎湃樂音滿室飛舞，聽得出是年輕人的音樂，音符技巧都到位了就是不夠細膩，要聽進心裡還差那麼一點。

建築的華麗面目可被堆疊，像剪接精采片花的電影預告，但如果走進其中已不再有任何驚喜，這樣的空間就沒有層次，那還不如一道簡單精準的樓梯，輔以一隙真誠自然的亮光，從身邊的觸感來設想仰望之後的天窗。

模仿兩顆礫石的大小劇院，停靠在輕緩的矮草坡上，周圍沒有樹木的遮擋干擾，非幾何可預測的形貌讓四向風景各異，來自城市八方的人穿越聚集或暫留，像河水沖刷也浸泡著石頭，期待著文化養成更光潤的城市內在。

老實說，如果兩顆石頭是在學時提出的設計概念，八成會在評圖場上被慘烈砲轟下場。這是學校與實務之差，也是菜鳥與大師之別，名牌之所以爲名牌，那可不一樣。

這兩顆石頭你覺得像外星下凡的飛碟也罷，降落在一群高聳的大樓間，相較之下顯得怪異而輕鬆。英國混種的建築在此已經試著對廣州人說起外國話，能說外國話不是水準高，而是爲了與更多人溝通。市民一開始可能不懂意思，卻也覺得軟軟詼諧的語調也別有風情。改變已經開始，大家正開始傷腦筋，大戲非要文武場才好看，而房子也不只有一種，既然小蠻腰都行，只要大師點石能成金，建築也可以是石頭。

a07 見山不是山

當奇峰怪山的喀斯特地形在公路旁悄悄長起，就知道已經進到廣西。原來不用到桂林或陽朔，廣西山多是這般靈秀樣貌，和我理解的山輪廓不同，這裡的山是獨立的盆景石刻，一座座擺放在田邊水旁。

一直到了陽朔，因大量觀光而生的旅館餐廳所構成的城市，就直接塞進如國畫般的群山之間。在最熱鬧的西街，就算是燈紅酒綠的霓虹或巨大庸俗的建築，遠方背景也全都是看來違和的石灰岩山峰，讓此處又俗豔又空寂，不協調的對比讓陽朔彷彿成爲一個沙漠中的人造樂園，我身爲遊客到此一遊該做些什麼多少因此感到困惑。

我在廣州就預定的青旅標榜有市區裡最便宜的價格，最高的天台。爬上六樓天台四周已無遮擋，唯一旁尚有幾棟同高的建築，於是又往上加蓋了更高的觀景台，才搶到了最高的視線水平。我站上侷促的平台轉了一圈，看見腳下建築的灰瓦屋頂如甜食招引來的大量黑螞蟻，密密麻麻群簇在這不大的山間平地中。蒼綠的山峰環抱起汲營的屋舍，這是此城的生存模式，多數遊客熱愛的不甘寂寞。還好是上了天台遠眺才舒緩了呼吸，找到方法欣賞起這衝突的景色。

大街上多是讓團客大啖合菜的土產餐廳，吵鬧歡樂得一塌糊塗，我找不到適合一個人吃晚餐的地方，就到了連鎖速食店報到。這家速食店就獨棟豪氣的蓋在偌大的人工湖旁，岸邊垂柳仿古點綴，湖面倒映著遠山和黃M看似多了好幾顆月亮，好幽默適切。幾日晚餐後我都來此度過，帶本書、點冰炫風咖啡，一個人的夜生活。還是連鎖店才懂得招呼寂寞城市人的孤獨。

我把速食店的優雅倩影發上臉書，原想分享這摩登的詩意，卻意外引發了眾人對速食店的撻伐，直指他破壞了環境景觀。其實我不這麼認爲，也許是連鎖店的原罪使然，不過就是一家舒適的餐廳，卻讓美麗山水錯怪了他的善意。

遊客來群山之城要看的多是灕江風光，山水交輝才算完美，乘竹筏漂在水面順流而下是最佳賞遊方式，而且還要指定關掉機械引擎，讓船夫用手拄槳靜靜地划水才有氣氛。當大家都這麼說，大家也就這麼玩，於是套裝行程的費用就如山高，不怕你不在江上漂上一回。最後看場劉三姐聲光大秀，才算將陽朔吃到飽。

掏鈔票傷感情，背包客總能找到自己想要的方法玩得盡興，走得更遠。我不喜歡談價打交道，偏好能自己走的行程，省錢又自在。我租了登山單車，拿了地圖，沿著田邊河岸往山裡去。既然包不了一艘筏，就踩上自轉風光。控制了交通工具，才能隨意停下來拍照，在喜歡的景色前發再久的呆都行。不麻煩他人，自由在我的美景中占了極大的比重。

這趟來回一共四個小時，在遇龍橋折返，往返是不同路線與景色，迷了路也淋了場大雨。途中向村子裡放學的小孩問路，小孩指向又破又顛的石子路。「你們沒騙我吧？」「眞的呀！大馬路是汽車走的遠路！」我捨棄平整的柏油路騎進滿是窟窿的石子路。

大雨持續下，雨衣內的衣褲早已全濕，鞋子也脫下綁在把手上，遇龍河漲水停漂，河面上一片空曠黃濁。當路越縮越小只剩田埂般寬度，路已非路，不是腳踏車該來之處，我在心底咒罵那些孩子的惡作劇。此時前方被緩慢的牛隻與農婦占據，我只能龜速尾隨其後，直至路寬充裕時才超車通過。

這狼狽的騎行讓我無比舒暢，是豁出去了，雨淋得痛快，腳踩得來勁，原是惡劣的環境全成了戲劇化的體驗。當泥土路終止接進村落幹道，一畝青綠的田野敞開在眼前，襯著陽朔無所不在的遠山。那群小孩沒騙我，這條路才是捷徑。

騎進讓稻田夾道歡迎的清新寬敞之中，雨打在臉上觸感冰涼，我迎風大大吸了一口氣，這正是旅行的感覺啊。自己掌控著方向，往自己眼中的景色裡去。

騎回租車店，屁股裂了，腳也鐵了，透明的塑膠雨衣裡蒸了一層霧濛熱氣，雨水混著汗水濕透頭腳裡外，雖然疲憊但盡興而滿足。我請老闆幫我和單車拍張合照留念，他知道台灣很風行單車運動，希望有一天能到台灣單車環島。

自己在台灣也不曾如此暢快的騎車，如今卻在該漂筏遊江的陽朔騎得過癮，漂筏賞的景會不會更美我不知道，但這場雨中騎行是有趣極了。爲何到陽朔就要搭船？爲何不能讓雨淋？爲何群峰圍繞的小鎮不能開連鎖速食店？見山是山，見山不是山，最後見山到底還是不是山？

租車時要押證件，單車店老闆娘才知道，原來台灣人沒有中國的身分證，用的是台胞證。見中華民國也不是中國啊！

雨一路從廈門持續下到陽朔來，行動蹩腳心自是不開朗，還沒進到東南亞，預期外不低的中國消費水準就用掉了近萬元台幣，心裡有些質疑這十來天的中國行是否是個錯誤的決定。

晚餐後自狹窄擁擠的青年旅館來到麥當勞，寬敞明亮的連鎖店相對舒服，讀著寫著，發現在旅途中紙張上的文字比電腦螢幕更容易消化，咀嚼起短篇小說裡的寂寞來好似補充了營養和體力。我坐在落地玻璃前的長桌，兩位中國女孩端了托盤在右邊坐了下來。一般來說若還有位子空著，隔個座位是比較合理的人際距離。果然，她們開口搭訕了，一位是在廣州工作的北京姑娘，另一個口音聽起來非常親切溫柔的是潮州女孩，一南一北的組合也是在陽朔才剛認識的。

「你想去漂筏嗎？我們想找人一起分擔。」漂筏賞灕江是陽朔經典行程，但也立即對結伴同行感到壓力，不過從楊堤漂到興坪要價人民幣一百二的費用是太貴了，我不想花這個錢搭竹筏。模糊其詞沒有正面回應，女孩們知道意思，吃完東西就離開了。拒絕女孩們是過意不去，希望她們對台灣人沒有留下不好的印象。

青旅老闆說現在連徒步遊路線都要收門票了，但青旅的美國室友告訴我逆向從興坪走到楊堤則不收門票，即使眾說紛紜還是姑且一試，反正路能過就走，頂多折返回頭也不礙事。

隔天，我自巴士站搭車前往興坪古鎮，小巴沒坐滿，車上多是沿途上車要回興坪的當地人，雖然所有人都是黃皮膚，觀光客仍是明顯的光鮮，隨性穿著踢恤、短褲和拖鞋；本地男人多穿著長褲和有領上衣，即使老派的衣著看來都似歷盡風霜，皮鞋也開了口，但出家門的樣子還是要把持住。

車子出了市區開在兩邊盡是開闊稻田和喀斯特地形的鄉間道路上，那些車窗裡常看的山峰已不足稱奇，小巴速度奔得快，乘客把手抓得緊，一小時不到就到興坪。

興坪是古鎮，屋子老得自然，並未被推到觀光前線來賣，或許是這些房在中國人眼中並不特別，只是甩不開的破舊過往，沒啥子好看。所幸不好看，商業就沒進來，還是民常氣氛，除了一兩家咖啡旅館，屋裡老人玩牌打發時間，各色內衣褲就大剌剌晾在門口，遊客們只是路過別人家就往下到灕江邊去，留下古鎮不上妝的面貌十分樸素清秀。

我是打定主意來走路的，沒理會掮客推銷，弄清了路線就逕自往前，也不知道要走多久、走多遠，就當散步。起初灕江山水還在路旁，船上導遊用擴音器爲遊客解說著各山石名稱典故，山谷間人聲引擎聲此起彼落熱鬧非凡。在中國觀光一向如此，有人氣就保證風景精采值回票價。

當徒步路線與江水分道岔進山中，喧鬧就止於身後沒再跟來，只剩我一人和偶爾呼嘯經過的機車。不見江水山還在，整條馬路常只剩我在靜止世界中移動，走久了便期待迎面而來的任何變化。

沿途人家不多，幾十公尺才有一戶。走過坐在家門前的一家人，爸爸手拿扇子指向山頭說哪兒綠了哪兒禿了哪兒又缺了角，媽媽和兒女們便仰頭細細端詳著。看海我熟，但未曾把一面堵在面前的高山看作風景瞧，原來看山是這麼回事。這山立在這幾千年，一家五口也看了幾十年，天天看還是神怡玩味。我跟著看久了忽然大悟，原來國畫裡毛筆皴擦畫出來的，即是這靈秀的山形。應是文人臨摹了山水的眞實，但此時我反倒感覺是這山寫了國畫的意。置身如畫的山水中，是這麼回事，而由我自覺走來的畫境尤其珍貴難忘。

一名婦人何以在無人經過的路旁樹下賣起水果和玉米？她喚我光顧，我迎上前，倒非嘴饞而是想與她說上幾句話。難得遇到台灣人，婦人說九馬畫山就快到了，兩塊錢一根的蒸玉米打了對折，讓我就在路上邊走邊啃了起來，在地的甜味點綴了沿路風光。

途中出現一隻狗兒在前方爲我帶路，牠走快了就會繞進一旁田裡等候我跟上，我到了牠才又繼續帶路，足足幾十分鐘的路，直到下個村莊才停下，牠陪我，我也陪牠，彷彿上演起兒時的桃太郎電影。

徒步路線暫時到了盡頭，要往前就要擺渡過河。此時又下起大雨，時間已近下午五點，我暗自決定折返興坪搭車回陽朔。走下江邊，壯麗的山水給大雨澆糊了輪廓，哪兒才是傳說中的九馬畫山看不知曉。渡口兩個剛放學的孩子揹著書包踢水玩耍，雙腳穿鞋泡在滿上階梯的黃黃河水裡，擺渡人駕筏自雨中江面駛來，「沒人接你們回家呀？上來吧！小哥你要過河嗎？」船夫看著我，我搖搖頭。原來孩子住在對岸，正在回家的路上。

我憶起兒時下雨天總愛穿著雨鞋，在放學走路回家的途中故意走進水窪裡，還不讓家人來接。獨自走路回家才有的自由時光，慢慢走才好玩的樂趣，原來小時就懂得享受了。

腳上這雙清邁買的夾腳拖穿了好幾年，鞋底已幾乎磨平，我用美工刀雕出更深的刻痕，銳利交錯的鞋底宛如未來的新風景，要走過路磨損後風景才能再深刻進腦子裡。

回程，坐上大叔的計程摩托，走了兩個小時的路程，機車竟五分鐘就到了。

三一四。

來自莫札特第二號長笛節奏曲K314，三一四是我自己的節日，不紀念什麼，只是挑了一天無關生死的節慶，不記得無所謂，記得就做些喜歡的事。送自己一天、去喜歡的旅館住一晚、上山泡溫泉、看場電影，或是遠行。獨享的節日，暗自歡愉。二〇〇六年藉此初訪首爾，旅行的數字遊戲，就挑這一天飛。

傍晚的班機到了首爾已近午夜，提著大行李袋走進手上的A4地圖裡，在陌生的羊腸巷弄初遇北國春天的寒氣，乾爽而醒腦。預定的青年旅館在死巷子底端，走過一樓架空的停車場，右側小玻璃門透出昏黃的暖光，極窄的門廊旁卡了一座像診所掛號的櫃台，年輕小老闆在房裡探頭示意歡迎。

塡寫完入住資料，他抓了一把糖果塞給我，「今天特別冷，昨天首爾還下了雪！白色情人節快樂！」這才恍然記起三一四是白色情人節，我的節日被巧遇誤認，當初沒這意思。不過我倒是在意錯過了城市的雪景，將錯就錯，就只能沾點昨日雪白的邊。

端午。

我忌諱把旅行安排在連假，旺季在我的旅行指南裡等同災難，是最差的時節。不過橫跨三個月的旅程，難免遇上當地節日。在廈門，青旅櫃檯的小姐告訴我中國正值端午連假，這幾天廈門會湧入比平時更多的遊客，尤其是鼓浪嶼這一級景點。人擠人不成問題，住宿車票才是麻煩，三天後的端午節我將在廣州度過，原本不預定住宿的我，緊張兮兮的打開訂房網站，注意各家青旅剩下的空床位。

屈原雖不生在此，但廣州的端午，似乎很是對味。從前在台灣過的端午隔了海峽，在概念上是不屬同一塊土地，今年我終在中國過起了中國人的節日。「廣州要去哪過端午呀？」青旅的外國旅客問起老闆。「珠江上有划龍舟吧？步行街有舞龍舞獅的樣子？」舞龍舞獅與端午何干，廣州人其實也不甚確定，這節也過得可有可無。

異地遊子過節，其實簡陋得可以。每一個節日對應到一樣食物，東西下肚了，節也算過了。每逢冬至或元宵，到超商買盒冷凍湯圓，自己煮自己吃，小套房沒有廚房餐桌，在書桌前嚥下的寂寞比十顆湯圓還多，這節是自討苦吃。端午在廣州過，沒見著龍舟也沒吃到粽子，這節過是過了，是錯過了、度過了？還是經過了？

來到廣西陽朔，租了登山車往北騎到白沙鎮遇龍橋，折返前在村落稍作停留，把車鎖在一旁樹下，上橋賞景。石造古橋始建於明永樂年間，一旁立碑「遇龍村抗戰勝利紀念碑」，幾個時代歷史絮絮叨叨是多話了。連日大雨讓遇龍河漲水暫停漂筏，散客三兩，河邊大夥無工可做，晾在船上傘底午覺睡個悠蕩，聚在屋裡桌前棋局戰個忘我。

橋邊大嬸賣些水果糕食，幾個蒸籠竹簍做生意想填遊客肚子。「粽子自個做的，料好實在，很好吃的！」我想起前幾天錯過的端午，向她要了一個，說是想吃粽子也還好，倒想與大嬸說說話。「年輕人打哪來啊？」「台灣啊！好遠的一段路呀！我們村子裡有姑娘嫁到台灣去了呀！好幾年才回來一趟，遠的哩！」

我嘴笨提到食物就詞窮，美食專呷非專家，粽子名堂來歷不明，長扁方整細葉圈束，飽滿扎實分量感十足，彈潤不黏牙，什麼米我吃不出來，但栗子、紅豆、香菇的餡料組合我沒吃過，甜舌不膩口，直誇大嬸的粽子美味。「最後一個給這小兄弟吃了，玉米好不好啊？」下一位客人撲了空，這滿嘴的美味更是情意口舌都飽足了。這陽朔遲到的粽子是緣分應景送來的呀，這端午慢了兩天也總算是吃了也過了。

橋上一對新人在拍婚紗照，新娘拖著白紗長長的裙襬倚著石砌扶手，側頭輕靠新郎肩上；男方亮白西裝筆挺人模人樣，舉著五彩風車笑得臉僵。算我多想，這攝影師真不懷好意，來「遇龍橋」是想在婚紗照裡埋下什麼伏筆？莫非在影射新郎？可能攝影師與新郎真有「過節」。

中秋。

二〇一一年中秋當晚，我從吉隆坡飛回台灣，中秋理應與家人團聚，心想這節是錯過了。月餅慢點吃容易，八月十五的滿月沒遇上就只能等明年了。沒想到當晚的機位是超級貴賓席，靠窗的座位，窗外明月就在與視線同高的雲層之上，不遮不掩亮晃晃的全裸眼前，綿綿雲海吸飽了月光像冰鎮過後的鬆糕，我向空姐要來一杯熱茶，何只賞月，是嫦娥近在身旁的中秋伴月。

過節有心，無意的好；和旅行一樣，偶遇永遠是最美的行程，無法安排，也無法拒絕。

「火車硬座絕對是最『中國』的地方，絕對。」當時究竟有多少不滿，怎有如此把握寫下這句話。

爲了省下幾十塊車錢，我捨棄從陽朔搭乘直達巴士到南寧，選擇到桂林再轉搭火車到南寧，背包客的如意算盤總是把費時擺在省錢後面。這不是我第一次在中國搭火車，上次曾從上海南站到蘇州來回，有過經驗讓我知道買到車票比上車難，十億人口大國的大城市火車站都不是開玩笑的。

桂林火車站售票廳像個可以容納萬人的大禮堂，十來條人龍差不多長，即使只達大廳一半長度，我也已經排在二十幾個人後面。加入隊伍一面研究上方的大型LED看板，火紅的地名與數字閃爍跳動，我有如號子裡的緊張股民，怕買不到票。

空間雖大但天花板壓得太低，空調好像在入夜下班前就關閉似的（還是根本沒有？），汗臭霉味鎖在這一群沒耐心的人群周圍。排在我後面是一對父女，爸爸帶著女兒要買到昆明的車票。「這隊伍幹啥子不動呢？前面賣票的是死了嗎？」見女兒沒說話，爸爸就非得不停抱怨來驅動隊伍。這裡的空氣大半是被這些人大口噴出的二氧化碳搞糟的，惡性循環後腦筋鈍了動作也慢了，但罵人的火力卻不曾減弱。

電子看板週期性的重複了好幾次，桂林往南寧的K1191次後方跟著一長串○，意思是沒座位了。雖然我對中國認識不深，但我直覺不能輕易相信眼前所見，我繼續排在緩緩前進的隊伍當中。果不其然讓我拆穿了騙局，三車四十一號六十五元新空調硬座。接過找錢和車票，新空調好像從撲克臉男售票員的腦後飄了出來。

買票、進候車室都必須查驗證件，每每我秀出台胞證都看得見站務員故作鎮靜的眼神多瞄了兩秒，「台灣是中國的一部分」就像一句無聲默認的回聲漣漪自我們兩中心散開。手扶梯往上，二樓是比大廳更壯觀的候車室，不同車次的乘客被分區塞在用不鏽鋼座椅隔開的區塊裡，大多數人會在這個飽和的空間待上兩個小時以上，人與行李貨物癱睡成走道上的百米障礙。車進站了，走道那頭的閘門就會開啓，人群像絞肉被擠出候車室，灌進一節一節會移動的中國香腸後，新鮮的人群又會立即補充進來。

待我百般無聊的等候到被塞進座位，23:25，從遙遠南京來的火車誤點了一個小時多，還不算太過分。

空調夜車無風也無景，世界就剩前後亮起的隧道。一排有五個座位，乘客兩兩面對，六人與四人區塊中間隔著走道。我加入六人座，像塊肉末從中把凹字的缺口填滿，前方和兩旁都是陌生人，極爲尷尬彆扭。

他們不知已經上車多久，跟這車廂熟悉的程度像家裡客廳，對面大嬸把家裡的粉色荷葉邊睡衣直接套上，沒有下擺兩隻可愛小狗陪伴就會失眠，兩腳直接跨過來我和隔壁乘客的間隙裡，架構起她的安睡小宇宙，就差我不是台電視可以讓她看到睡著。所有乘客也盡可能的服從地心引力，像達利畫裡的時鐘，讓身體黏覆在座椅、摺疊桌或隔壁乘客的身上。

左方的小姐一派優雅端莊，包裡有源源不絕的零嘴食物，火車上最流行的瓜子當然也沒少，一路喀哧喀哧beatbox。

車子行駛了一個多小時後，我的脊椎比不能動的硬座椅背還硬，便開始不再矜持禮節的放任肢體，把腳也裝熟的伸到對面夫妻的椅子上，你來我往七八條腿像是十指交扣般親密，不會有人給我白眼，這一切都非—常—合—理—。

走道旁有如來了中國體操隊，頭下腳上屈體的動作完美滿分。這裡彷彿大戰過後的運屍車，夜越深死傷人數越多空調就越冷，死白日光燈管把黑夜混合二手菸注入乘客腦幹，身體僵硬痛苦達到最高點，下一個陣亡的就是我了。還有五個小時、四個小時、三個小時，我靠意志力等待黎明的一線生機。

睜眼時天光已完全傾倒進車廂，直射鋪滿地上的瓜子殼和垃圾，對面大嬸也已換回洋裝。車廂裡不見懶散醜態，行李已經在手邊待命，乘客們像等待上台領獎的小學生，大家側著身子看風景有說有笑，像植物行光合作用般一臉欣欣向榮。

鐵道兩旁的住宅高樓越來越密集，南寧快到了。「我的火車誤點了，來不及不是我不去，不能退費嗎？」女孩趕不上車站前的旅行團，用全車都聽得見的音量對電話大吼，想要討回被黑夜吃掉的三個小時。

「各位乘客，列車就快抵達南寧，耽誤您的寶貴時間請您見諒……」車長廣播在終點前溫柔放送。只見女孩白眼翻得比天高，怒氣沖天回敬一句：「去死啦！」

a11 中國到越南 兩秒

台灣沒有開往其他國家的巴士和火車，這回我要從中國南寧搭巴士到越南河內，是我首次不離開陸地的跨越國界，有耳聞過但從沒試過，這第一次跨線的舉動對我這草包來說顯然是個儀式。

中國到越南，從一個國家到一個國家，可能是兩秒的事，也可能是二十個小時的事，單憑如何在地理上劃定這段旅行的範圍。若國界消失土地依然逕自連綿，客觀來說旅途上的時空都是持續的。但一出現政治國界，就得做好萬全準備來面對下個國家，旅行才能繼續。申請簽證准許放行、更換貨幣、適應文化，當地人的表情和從嘴巴裡發出的聲調都會不同，旅行者就好像從手機裡下載了一個沒玩過的遊戲，從頭開始累積點數。上個國家的人、建築、風景、聲音在過了國界以後會被整批撤掉，攝影棚裡全新的布景也會在瞬間搭建完成，演員也換掉原來的服裝，一場戲又重新演起。以上巨大斷裂都在走陸路通關的兩秒內無縫銜接，那與飛行了好幾個小時以後機場自動門打開才感受到當地的氣溫，是截然不同的經驗。

從桂林到南寧的火車誤點超過三個小時，我以為會搭不上一早開往河內的巴士，已經打算在南寧待上一夜。出站後到對街的巴士售票口一問，「有！九點五十！你現在用跑的過去！旅遊集散中心發車！」手抓地圖一路狂奔，十五分鐘後我跳上了車，快閃半個小時不到的南寧印象。制服整潔的車掌小姐口氣緩和柔順，遞給我一瓶附贈的礦泉水：「有的，我們到河內。」

車子一路向南，建設完善的公路上接續出現幾面東南亞國家的大國旗，不久之後我就要離開使用中文的旅行了。抵達憑祥之前巴士在公路旁一家餐廳用午餐，免費提供的巴士餐。餐廳裡乘客魚貫添飯盛菜喝湯用餐，提供換鈔的小蜜蜂也擁了上來，個別飛到不同的顧客身邊，我身旁一位大姐把計算機推至我餐盤前方，按了人民幣換越南盾的匯率，不懂行情我就先觀望一番，她看生意沒做成又拍拍翅膀飄往下個顧客。最後上車前一位大哥湊了上來，匯率比大姐的少了三十，我說剛才大姐的匯率比較好欸，「唉呀，那個一樣不差這三十！」大哥老練的說，原來越南盾鈔票是幾十萬面額在印的，好幾個零早就砸得我頭暈，那三十早該退到零頭中的小數點後幾位去了，使不上力的。我把剩下的人民幣向他換成越南盾，身懷上百萬鉅款準備闖過友誼關，旅行眞是令人富有（嘆）。

原以爲路的盡頭是一堵森嚴的堡壘，但不小的停車場讓這裡像個休息站或購物中心，其實這裡也是個供遊客參訪的景點，但我們有正經事要辦就不逗留。同車要出境的乘客戴上巴士公司的識別證，拿下行李轉搭高爾夫球車進入中國海關。高挑冰冷的大樓室內鋪設的應該是拋光石材，原本要展示的雄偉貴氣像海關人員一樣沒啥表情，新是新但沒有光彩，通關照規矩不能拍照讓我沒留下多少印象。

出了境回頭一望瞧見「南疆國門第一路」的石碑，立在財大氣粗的嶄新建築物一旁，宣示中國高速公路網暢通到了最南端，什麼都得向人證明一番這我也行，這句點似乎和我這幾天短暫對中國的總結相去不遠。

是我把「那條線」幻想得太盛大，畢竟第一次總是大驚小怪。中國出境以後，入境越南以前，不過就是一條馬路，我們先出關的幾個就前後靠右走在路邊，正常得像是走在公園或學校，直至前方的建築物出現，荷槍軍人沒多看一眼就示意我往前。中文消失了，羅馬拼音字母掛著幾撇語調音標，建築縮小了，天花板壓低了，室內溫度升高了兩度，風扇吃力攪動勾了芡的空氣，感覺時間好像後推了幾年，這越南味我沒試過，初嘗是有點曖昧狡猾。

不過這「友誼關」的友情還是得握個手致意才能放行，並非暢通無阻。中國的巴士留在山的那頭沒開過來，幾個旅客在休息室等候了好一會，有人散了也有人加入，乘客重組了一批，一台越南籍巴士把我們撿走後繼續向南開往河內。

山綠草碧沁天光，蜿蜒路旁偶有參插幾間中文招牌的小房子想做點過路生意，山勢漸緩景色愈趨寬敞，演員三三兩兩還沒到齊，不過道具都已經到位，人們戴起尖尖的斗笠騎上機車，我打開車窗讓風混著焚燒稻草的白煙吹進來，改演另一齣越南風情畫。

a12 越南咖啡的抱怨

回旅館的路上，當我要拿出背包裡的相機時，驚覺前袋的拉鍊被打開，手機、錢包已經不在。我拉回拉鍊、揹回背包，心中複誦：「是，我在河內被扒了。」

逼自己承認這個已成事實的意外，不是做夢。在打烊的店面前坐了下來，旅行第十三天，沒有信用卡和提款卡能走到哪一天？剩下的美金還夠用多久？其實沒有答案，只是藉此恢復平靜，然後起身走回藏在巷弄裡的旅館。身後長街暗得萬念俱灰，我一點也沒有要把錢包找回來的打算。

應該是拍攝還劍湖夜景長時間的曝光，太過專心的等候讀秒倒數，忽略了背後的動靜。聽到我遇見倒楣事，室友和旅館裡的陌生房客都主動借我手機打回台灣掛失好幾張卡片，高額的國際電話費也不跟我計較，出門在外靠朋友，我感恩旅行者間的互助。剩下的美金應該還足夠用到R來與我會合，旅行不會在一開始就告終，也稍稍安下心來。正當我覺得河內是個悠閒的首都，這小偷就扒走了越南人的友善良心，這下一整天對越南累積的好印象，又私心瞬間抵銷了。

同一天上午我走在舊城大街，被補鞋匠攔住，他眼尖注意到我將要脫落的鞋底，開價單腳十萬可以幫我修好，大約一百四台幣。還有那麼長的路要走，其實我正需要。脫下一腳踩著備用拖鞋，看他做工扎實且費力，針線上下來回兩下子把一雙橡膠鞋底與鞋面牢牢縫緊。不過最後我一共付了三十萬，除了兩腳的二十萬，一個他的同夥在未經我同意下就擅自修補磨損的鞋底，多要了十萬。對於在街上主動搭訕的生意人意外漲價，其實已不意外。雖然簡言之是騙，但是我沒在他補鞋底前就問清價格，是不夠謹慎。花四百多台幣修好一雙好鞋，是台北的價位，不過換來一路踏實，就不再掛念這小錢的損失。

越南盾幣值很低，一元新台幣就能換到七百越南盾，所以手上的鈔票面額都很高，結帳時都得多想好幾秒。越南人講價時會直接省略小逗點以後的三個零，一百其實是十萬的意思。雖然身懷百萬鉅款，但心算實在累人，在越南得多用好多時間在金錢算計上，而偏偏斤斤計較是旅行中最掃興的事了。

有回在餐廳還沒點菜，店家就自動端上牛肉河粉，也許這是對付外國遊客的方法，雖然不排斥也還算美味，但難免有不受尊重的感覺。又有次買甘蔗汁，大杯價卻只拿到小杯量，我指著較大的杯子，老闆娘卻拿了（兩種杯子尺寸外的）小塑膠袋示意這才是小杯，表情蠻橫態度差勁，是一旁男孩偷笑洩了底，彷彿說他也幫不了我。諸如此類的小事抱怨起來很過癮，往往失焦成爲遊記長篇猛批的重點，但不過也只是小錢進了人家口袋。看來我自己也在計較，那麼就不說越南人現實了。

我必須坦承，我帶著別人的偏見來到越南，此地無銀三百兩，難道越刻意就越難把偏見移開？偏見是擱在臉上的眼鏡，度數太深戴久了就不免頭暈噁心，妄想眼前每個人都心懷不軌。

失竊前的一整天，無疑是我在越南最愉快的一天。我從胡志明陵墓走到孔廟，再散步回老城區，公園裡、街道旁到處是汗水和歡呼，嚴肅的列寧像跟前是輕鬆的國標、藤球、足球身手飛舞，整個城市好有活力。人行道上的幾張凳子就能做起喝涼談天的生意，彩色小矮凳遍地開花，率性隨意及手可得，大家屈膝而坐，離地二十公分就有城市咖啡館。牛肉河粉攤併桌的小夥子，教我越南文的謝謝，發音類似台語的「感恩」，靦腆的友善是非常舒服的溝通。入夜後不想走遠，回還劍湖邊轉轉走走，加入當地的閒情雅致。吃了甜點買了剉冰，一路從皮鞋街逛到夜市，多麼美好的夜晚，連周圍嘈雜繞圈的摩托車都像魚兒在水中悠游。都怪我腦後不長眼，胸前不留心，給扒手中止了這一切美好。

越南咖啡在玻璃杯裡上黑下白分層堆疊，黑咖啡和白煉奶都是重口味，點一杯咖啡一定額外奉上一杯淡茶，用淺黃透光的清爽來解濃稠甜苦的膩嘴，這在越南街頭是再常見不過的組合，就像台灣叫乾麵送一碗蔥花清湯一樣意思。主菜與附餐的角色發揮各有所長，淡茶和清湯洗去上一場激情後的餘味在印象裡是清晰回甘的。

被偷的第二天我當然不如寫遊記的此刻冷靜理性，那天我哪兒也沒去就在速食店二樓坐了一下午，傍晚就搭夜車離開。這三天兩夜掐頭去尾，濃縮成河內一日遊，端上抱怨之餘，濃淡甜苦齊具，回味這杯越南咖啡也頗是道地。

「爲了隔天可以睡到中午，我決定在順化多待一天。」我對跟我一起合租房間的中國女孩小雲這樣說。他想在下午就把皇宮看完，預計明天一早就搭車去會安。小雲是剛剛下車時認識的，一個身形高䠷的大女孩，從上海來，是他主動提議要一起找旅館，也邀我若不介意的話可以一起分擔房錢，是個很有主見的女性隻身旅行者。

其實多待一天不全然爲了隔天可以睡到中午，是因爲不習慣抱著「明天就要離開」的心情旅行，行李打開隔天又要馬上收拾，太匆忙了。

Check in 後小雲稍作梳洗就出門了，我則躺上床先睡一覺再說。還好我們只是共住一間房，並沒有要一起行動的意思，你講效率我懶散，這是最舒服的合作模式了。

來過順化的朋友說這裡只有皇宮，一個下午就可以逛完，小雲的計畫也是如此。補完眠後已是下午三點，下了雨天色陰沉，我撐了傘往皇宮的方向走去。越過香江後皇宮就在京城的城牆內，沒有陽光的街景缺乏立體感，景深被壓得扁平，但灰色的城市是涼爽又安靜的，感覺摩托車也少了點，古都顯得冷冷清清。

深受中國文化影響，越南阮朝皇宮也是中式的宮殿建築，即使列爲世界遺產，也喚不起我太大興趣。買了票，進了宮，見遊客輪流在中軸線上拍照留念，一如各大名勝景點，不過沒有金碧輝煌，也沒有雕梁畫棟。他像在雨中睡去的老人滿是皺紋，瘦骨嶙峋，蕭瑟沉寂。一進穿過一進往內走，原是嚴謹陣列的宮舍已粉身碎骨，剩餘棄守的平地仰望蒼天，荒廢的台基已蔓草成毯。他是敗將斷了手臂，原該悠長的迴廊就戛然中止，露出殘忍又尷尬的斷面。原來，輝煌沒有停在盛世安逸的後花園，這宮殿曾是戰場，讓合院穿腸破肚，灌進了酸苦淒涼。

我記錄這些被斬去枝幹的風華，拿起鉛筆勾勒空中的屋脊與出簷，塡平照片裡的破口。接近閉園時間遊客越來越少，負責修復的匠師早早收工，我爬上城門二樓，坐在牆垛裡看雨在城牆留下層疊膠稠的淚痕，只有沉默能呼應這巨大的空洞。原以爲是一場漫不經心的觀光，最後竟掏出大量同情埋單。怎會落得如此落魄下場啊？這雨實在下得又悲又慘。

「下午就把皇宮看完啦？那明天要做什麼？」晚餐後回到旅館，小雲挖苦我。他讓我看他下午拍的照片，他紀錄了許多注意行人的交通標誌，原本應該標準化複製的圖案，竟然裡頭的每個人都不一樣，有長有短有圓有扁，他大笑這國家怎能如此可愛又隨興。我們聊著台灣和中國，聊著我去過的上海和廣州，聊著台灣已經開放的陸客自由行。看著他抓起長髮綁成馬尾的俐落動作，我想起每場演講鐵定被問起的題庫：「一個女生自助旅行安全嗎？」男女的確有別，但我想探索世界的好奇心是無性的吧。

恍惚裡聽見小雲整理行李，準備去搭八點的車，我躺在床上道了句一路順風。「你也是！」門砰的關上，時間還早，我帶著一點「今天就是一個人睡了」的矛盾感覺繼續睡去，這是我此行自己睡一間房的第一天。

第二天，我還眞的不知道要做什麼了。於是租了單車，就騎往地圖裡感興趣的地方，無聊的小地方總能令我放鬆。沿著護城河騎了四分之一切進京城，地圖上空空的兩方水窪原來是長滿荷花的人工池塘，沿著池塘是越南常見的露天涼水攤，但這裡的板凳升級多了椅背，兩把塑膠椅加張矮桌背對馬路面向荷花池，簡單的風景，簡單的美好。景由心生，遊心不遊景，旅行風景看多了，到底是讓人變簡單還是複雜呢？我點了甘蔗汁，請小妹幫我拍照，我們無法用英語溝通，他熱情的用肢體語言和笑容問我甘蔗汁好喝嗎？又對著荷花池連比了三次大拇指，最後還多送了一根玉米請我吃。

這些待遇好像我原來都沒有能力品嚐，一直到了所謂無聊的地方，才懂得欣賞這些沒添加物的原味。原來無聊是像關掉電視後的無聲寧靜，沉下心來聽，很舒服。

在大賣場發現羅旺子汁的美味、城牆邊的足球賽、賣著像中學生勞作藝品的夜市、新娘穿著像餐巾紙桃紅色的婚紗、鐵橋閃著和台灣一樣俗氣的照明、掮客問我要不要小姐，這些事的確平凡無奇，但不知做什麼的那天卻保留了騎著單車吹風的愉快記憶。

煎蛋、吐司和越南咖啡，在旅館大廳吃完早餐就要走了，櫃檯小姐親切的邀請我要再來，即使他每日一再的對過客說這些話，但仍感覺到眞心誠意。會不會再來呢？我也說不準，但多住一天是正確的決定。今天要到會安去，小雲也要到芽莊去了，會不會再相遇呢？越來越覺得，旅行的重點根本不在風景上，而是看過風景的自己。這，好像很接近我要的旅行了。

搭巴士從廈門到新加坡，要走過這幾千公里其實並不難。不過我終究是個孱弱青年，生活在身心都看不遠的小島上，運動只剩手指，眼裡多半只有視窗，身材像手機螢幕越來越寬，腦袋像筆電越來越扁，體力像電池越用越弱。這旅行好像一場償還，搞不好足以等同我一整年的活動量。好像在冬天過後的泳池，一口氣游了兩千公尺，疲勞肌肉打入滿足的疲苦，雖然是再普通不過的一場運動，但藉此感覺自己還是地球上動物的一員。此行要點體力，三十好幾還能走上一段不近的路，也算偷個趁早。搭巴士向《深夜特急》看齊，雖說不比步行，輪子也是替雙腳若愚的壓過了逐寸山水。

巴士比鐵路來得機動隨和，可以走得更遠更深，一種更入世的移動方式。兒時我叫巴士「遊覽車」，只有開開心心外出遊覽時，大家才難得聚在一台大車子上，風景、零食、唱歌、團康，總期待著車上還有些什麼能逗我笑，是滿屋子的歡欣節奏，一場移動派對。乘客也隨興遊覽風雅，看看停停，不只是交通那麼中性無聊，只能一致向前。車子開往哪裡、目的地抵達了沒，除了尿急肚子餓，下車以前不會被提起，也不重要。旅行包含「行」，是占去了一半，不容忽視。

自助旅行者旅遊越南，隨處可以買到「Open Ticket」的巴士套票，從北到南玩遍越南每一個景點城市，要中停哪一站、要停幾天都行，只要一天前向當地的聯絡站預定位置，隔天就有巴士把你運向下一個城。此系統是越南眾多旅行社形成的獨有文化，長達十幾天的行程只消購買一次票，半數外國遊客都以這種彈性又便利的方式在越南行動，因此巴士上多是滿滿的白人。車上走道常見鋪了軟墊或加了凳子，當地人多選擇便宜車票委屈在走道上，把自己塞進瘦痛的二等隙縫裡。東南亞擁擠凌亂的景觀，也從一個城市運往下個城市，在公路車上牽繫往來著。

越南臥鋪巴士新穎豪華，空調強勁、被毯舒適，大人孩子上了車活像進了旅館，脫下鞋裝進袋裡，找到自己房間，拍拍床、抖抖枕頭，缺了什麼就找車掌要。床鋪像被推倒的骨牌，前後上下斜疊了頭腳，三排兩道，全車數十名乘客可同時在車上躺著睡覺過夜，隔天黎明會在下個城市張手迎接。

原因不明或運氣不佳，我常被分配到車尾的小通鋪，兩側不是走道，而是乘客。離風景遠了點，靠人近了點，也許就因距離太近，左鄰右舍常會分食我一些點心，人工香味的飲料、黏牙的花生糖、不知名的米粿製品等，好吃不用翻譯。彼此通常只聊個開頭幾分鐘，就會再各自回到與肩同寬的安靜中，就像旅行或感情總得有個段落，沒完沒了通常不是好事。除了播放從頭到尾由同一人越南配音的好萊塢電影，十幾個小時的車程多半與各自的書本或手機相伴。

沙灣拿吉通往永珍的夜車品種則不同，是寮國版的雙人枕頭若無你，陌生人兩兩共睡一格，雙人雅鋪原本好是尷尬，就想成兩張放斜了背的相鄰座椅抽掉扶手，學生時不也度過了無數個在中山高上那樣南北往來的夜。

「你們台灣的臥鋪巴士長什麼樣子啊？」英文是聽懂了，但我彷彿耳鳴，沒有辦法回答這口氣順得理所當然的問題。台灣人的遭遇太異常了，來回國土南北頂多是三部電影的長度，要睡一覺恐怕會有起床氣。當小島之小，像顆橄欖球滾動在東南亞大陸時，顛顛簸簸像移動中的阿兵哥寢室通鋪，打呼、磨牙、腳臭、說夢，被蜷縮在更小的車廂中。夜車像做夢，全憑個人在睡眠中揣摩黑幕後的情節；白天的巴士就有清醒的風景，一路撿山拾海串起一個一個城市小鎮。像以前教授的傳統幻燈片，下一張就按一下，非得喀拉一聲把分心的觀眾思緒再抓回來，存檔是序列的片段，畫面不是連續。

在順化待了兩天，一早加入前夜就從河內開過來的巴士，下個城市是僅距離幾個小時遠的會安。日頭屁股曬，所有人依舊（也只能）躺在臥鋪上，好些人惺忪賴盹，我則一夜飽眠怔怔看著兩側切開的大山大水。額頭抵著強化玻璃，觸摸著車子傳來的震動，就只是把眼光晾窗外。耳機傳來台製情歌，鏡頭在暗處對著自己，正在拍攝音樂錄影帶，旅行是故事，流浪是場景，抒情是假作，享受是眞的。有時希望遊覽車就這麼一直開下去，沒有下個目的地，懶得陌生和猜忌，好奇暫時沒力。陷在上鋪的舒適圈裡不動，沒有煩憂的遊覽在窗外陶醉持續，雨不下氣不躁，清爽風光正好，車子最好永遠到不了。

甫過正午巴士就到了會安，背包客們一一被摩托車司機領走，剩下我一個在黃土紛飛的車站外對照路標和地圖想確認方位，不知車站到市區的距離可否步行解決。「找旅館嗎？我可以用摩托車載你去找，看你要住多少錢的都行，只要兩萬（約台幣三十元）找到你滿意爲止！」一位乾瘦的大叔騎機車飄過來，我心想又是拿旅館回扣的掮客，印度經驗告訴我別上他車。不過他果眞看準了我不知身在何方的煩躁，太陽很大背包很重，旅館清單裡一片空白，就拿三十塊賭一把了。

跟著越南大叔找旅館，房間在幾樓他就把我的行李一起搬到幾樓，看過不滿意就再把行李搬回摩托車，也許這是他增加成交機率的撇步，我也擔心事成後他會跟我要更多小費。我表明要盡可能便宜的房間，越南旅館多以美金定價，第一間看來根本是飯店檔次，最便宜要二十刀（dollar，中國人教我的）；第二間活像是住家頂樓加蓋的寮房從十五刀自動降到十三刀，男主人一面打掃上個房客剛離開的房間一面與我議價；第三間終於找到十刀的房間，離市區遠、不怎樣但還算乾淨，不過我想要找到更便宜的房間，在河內和順化一天的房錢都不到十美金。老闆娘態度強硬一塊錢都不給殺，還嗆我說會安沒有十美元以下的房間，我面子拉不下轉頭就走。此時我惱羞成怒，暗中怪罪大叔一定有拿回扣，於是大聲斥喝表明我要自己去找，三十元給你，我們緣分到此。從他手裡抓起大背包就往街上走，怒火被大太陽燒得火勢又更猛烈了。

接下來自己找書裡的幾家不是漲價超過十美金，就是已經不營業或徹底消失，城外城裡來回走了兩三次，馱著登山包很快就能讓人喪盡理智，克難意志解散。我在最後一家把背包客的堅持以二十二美金賣掉。

「你剛是不是有來問過？」再一次確認旅館名字和外觀，加上小姐還眞有那麼點眼熟，原來我又回到第一家旅館。「最便宜的房間不是二十美金嗎？」我很清楚記得。「喔？那間已經賣掉了，現在只剩二十五美金的，不吃早餐的話二十二美金。」穿著改良越南國服的小姐表情淡定不苟言笑，一副房間你不買別人會要的態勢，看過的旅客無數，這些數字在心裡縝密運算後才被說出口，她知道我肯定會買。

二十二美元約等於台幣六百七十元，我買了兩晚，這是我此行最貴的住宿，連三星都不到，但也是唯一稱得上飯店的旅館，是那種有鋪設大理石乾濕分離浴室、兩張不知道給誰坐的椅子夾著一張擺著沒插電熱水壺的茶几、床頭櫃有電源開關的飯店。

古城很美，旅館很優，兩層樓洋房長長的甬道通往屋後望著守崩河和坎南橋的小陽台，會安的古色古香被刻意的凝結下來，我卻整天爲了住進昂貴旅館而自責愧疚，旅行至此沒有隨遇而安，是自己分了心壞了興。像上次印度行中的齋普爾，對無辜城市投射了壞心情，也許每回旅行都要遇上這麼一次，我還是沒學會。住在簡陋的民宿可以自得享受，怎反而多花了十二美金卻讓自己難受？是違背了原則吧。旅行原則愉快至上，省錢若非在旅途上換取更多樂趣和經驗，那麼與數字小氣計較則是本末倒置的執念。早知道，第一家就住下來了。早知道、早知道，至今收集的所有後悔也換不到一次早知道。

在中央市場的攤子上看到一個水藍色鐘面的鬧鐘，扁方形的鬧鐘右邊是溫度計，中央有翻頁日曆，中國上海製造，上頭有個鑽石標誌向上發散著幾束光芒，優雅復古、簡單好看。鐘錶攤是直立式的木櫥，不近看還以爲是賣小吃點心的，右側掛個大時鐘，櫃子裡各式錶帶貼著玻璃像窗簾圍了一圈，玻璃檯面上整齊擺放了細瑣的維修工具，零件皆盛裝在小碟小罐裡，小心翼翼有條不紊。雖是街邊的簡易維修站，看來還是精工細作。老闆沒生意一旁躺椅午休打盹，我不擾他清夢只是拍了照離開。

　　幾個小時後在店裡坐下，喝完一杯越南咖啡發覺水藍鬧鐘還是掛在心上，待我回頭去找，才發現不只老闆不在，是連攤子都推走了，屋簷下空空蕩蕩只剩遺憾。隔天一早到寮國的車，不論這鬧鐘多少錢，我都帶不走了。早知道、早知道，早知道就買下來，鬧鐘不響不鬧就不會知道時間已經不早了。

　　日頭正炎，回到旅館大廳吹冷氣，聽見一旁兩個老外滿頭大汗進來問房價，隱約聽到小姐說的十八美金，我的心又涼了。看來高檔飯店是住了，但二十二美金是白花了。算了，都送你了。像越南小姐心裡的計算機，早知道永遠買不到。給騎機車載我找住宿的大叔，我想你眞的只是想幫我找到喜歡的旅館，早知道就不該對你發脾氣。

後記——一年後在中國歌手王菲〈致青春〉的音樂錄影帶中又發現這個藍色鬧鐘，僅在片頭露臉短短不到一秒，也許有一天我終將擁有它。

Andante

行　板

旅行前已經忙得沒有時間，
為何要在旅行時又把時間用完？

b01 越南到寮國 豈止兩秒

原來我是要走遍中南半島的，出發前草草試算了一下天數，支那加印度支那一共八個國家，平均下來十一天就得走過一個，十一如此數字我很熟悉，從前我不就是用這個長度在旅行一個城市的嗎？我驚覺，並且在申請完緬甸簽證後才發現，我從未度量過三個月的現實里程分秒有多少，只錯覺好長好長。

兜不攏繼續裝傻還是先出發了，丟給旅行中的我再去決定。一開始我試著照進度走，三兩天就搭車搬家，才到越南我就受夠了，計畫太大就像行李太重，用不到也爽不著。柬埔寨獲得旅客的關愛已經太多，要到緬甸陸路不通得多買兩段機票，決定刪除它們倆下次再來補完，就走慢點讓自己踏實從容些。

於是我放棄繼續南下胡志明，改道中越西拐進寮國。

「有一天內直達沙灣拿吉的車，但比在東哈過夜隔天才到的貴十美金，但你可以省下一晚住宿費。你明天就要走，位子很難找，要就馬上訂吧。」櫃檯小姐問了幾家巴士公司，希望我直接就在旅館買票，別再去外面比價了。其實會安街上的旅行社我已經繞過一圈，無力和越南人繼續鬥智，明知買貴了還是請小姐幫我訂下這張高達三十五美金的車票，心想著反正我明天就身在寮國，這心思疲累就丟在越南了。

隔日一早六點來接我的是台舒服新穎的私家轎車，乘客也只有我一人，待遇太好反而不合常理。十五分鐘過去車站還沒到，司機竟這麼一路把我從會安載到了三十公里外的峴港。我才明白這多付的十美金，是這趟包車的費用，當場嘆了一口氣。

像家裡客廳的巴士公司、濃妝傲慢的老闆娘、寫滿越南文的車票，再怎麼詭異終究是發車了，整部臥鋪巴士就我一個外國人，除了床位連走道上的位置都賣給了當地人，車內廁所塞滿了乘客的行李無法使用，滿滿的車內沒有空的地板能走動，這巴士還要再開上十二個小時以上，若無法想像就別想像了。

巴士照例提供了午餐，但因爲我只有車票沒有餐券而必須額外付費，讓我又嘆了一口氣，連帶詛咒了那個賣我票的老闆娘。不過大夥圍著圓桌吃到的這一餐，炒蛋青菜煎魚滷肉是那麼的家常，人手一雙筷子在大圓圈內伸縮夾菜的美景，讓我配起飯來吃得特別飽。

出境之前照例停了休息站，換錢的小蜜蜂飛過來，我邊掏出越南盾一邊心想這回頭大了，越南盾換寮幣我一點匯率概念也沒有，換來的寮幣我裝懂數了一下露出狐疑的眼神，大嬸她竟然又補上幾張鈔票，這也太狡詐了，於是我又狠狠瞪了她一眼，她又補上幾張零鈔，直到第三回合她才說對了對了就這些了。我想我是被宰了，回車上仔細一算還問了隔壁乘客，她大概多賺了我四百五台幣，我不說她騙我，是自己沒做功課就上考場，越南盾寮幣美金台幣之間的快速心算還要配合演技，叔叔我沒練過，唉，只好再嘆一口氣，記上越南人一筆。

這次過關行李不用下車，一身輕走過兩個大牌樓間的越寮國界，原車會在寮國海關外等著，只是這陸路關口台灣護照還是非常少見，搞懂台灣和中國以後，當地人都已經上車了，我正在填寫海關剛找到的落地簽表格，塾後讓我滿頭大汗備感壓力，因爲就算那台遊覽車就這麼開走我也不會意外。

過境後寮國的路況奇差無比，公路上三五公尺就是一個比輪胎還大的窟窿，能閃則閃，避不了車子就得用最慢的速度壓過去。快到時車掌叫我拿好行李換到車門邊的小凳子坐著，他說這台車會繼續開往永珍，只有部分乘客會在沙灣拿吉下車。我坐在擋風玻璃前第一排，看著司機像是打遊戲一樣駛過無數個路上的大洞。

整整一個小時的小凳子騎乘記後停車了，四周漆黑一片，沒有巴士站也沒有幾戶人家，第二大城不該是這樣。一問才發現，這裡是賽諾，離沙灣拿吉還有半小時車程。此時我不該嘆氣，應該大叫，並再惡狠狠詛咒那個老闆娘第二次。

「你么屈哪裡？么不么一起打我姐的車？」

怪腔又怪調，但我沒聽錯，是中文！阿飛的出現讓我再次願意相信旅行者永遠都會是幸運的。嘆再多氣就當作奉送，越南帶過界的就到此爲止，寮國時間就從這位會說中文的年輕人開始算起吧。

用中文向趙太太說再見，跳上她充當翻譯幫我叫來的三輪車，沙灣拿吉三輪車大小介於曼谷嘟嘟車與清邁雙條車之間，即使加上一個大登山包，我一個人坐還是剩下許多空位，暗自抱怨著一個人旅行叫車總是划不來。

寶石賓館雖然中文可以溝通，但其實是昨夜太晚抵達才湊合住下來，我想換一家市區的旅館住，心想，住在市區應該是觀察一座小城市比較正確的位置。雖說市區也只是購物吃飯辦事相較便利之處，兩三條筆直大街隔出的棋盤街廓人不多，低密度的清悠又不至於荒涼，寮國把市區的定義重新調降至一種更舒爽的狀態，我也樂意配合。

手上的舊版旅遊書是用半價買來，讓我勾選的第一家旅館消失在這過期的五年之中。還好第二家地圖與招牌店名相符，運氣不算太差。這家旅館有一種詭異矛盾的氛圍，氣派但過時的建築獨立蓋在不小的庭院內，寬鬆簡陋的大廳牆壁貼著女明星的月曆充當海報，細長的柱頭裹著一圈毛莨葉像科林斯柱式的簡易版，泥砌的樓梯扶手等距切出條狀開口又是幾何極簡。女中坐在櫃檯外的竹編椅上看電視，很高的天花板讓大廳成了音箱，破碎回音無聊的在牆壁間反彈。「風扇房五萬？還是空調房六萬？」取下掛在背板上的鑰匙，跟著女中走進櫃檯背後不太對稱的拱門，門後的走廊像一間大會議室般誇張的寬，直通貫穿到後門，我要的風扇房在走廊最尾端，一〇八，有三張高矮不同的單人床、兩台立扇、一個五斗櫃、一組蹲式廁所沒有水槽，粉紅色的牆壁，上面有一個用卡通小貼紙排成的心形，僞科林斯柱在牆角露出四分之一，天花板依然很高。所有的比例與組成似乎有些不太對勁，但窗明几淨又讓我心中的矛盾一下子無法數落它的不是，最後是住了下來。

小城休息得早，買了些零食和飲料回到空曠的房間，日光燈管橫架在粉紅牆壁上，要照亮這麼大的房間非常吃力。沒有網路讓我面對兩張空床發呆，整理行李、洗衣服晾衣服、看旅遊書、寫日記、自拍，雜物家當四散在單人床上。

《只愛陌生人》，我拿起這本台灣帶來打發時間的小說，一身懶骨頭東倒西歪在凹陷的床墊上又趴又坐，一個晚上就把它看完了。這是陳雪峇里島十四天的隻身遊記，玩弄一段海灘男孩陌生的距離。

陌生對旅行者來說絕不是負面詞彙，只愛陌生人換句話說就是旅人之所以旅行。離開熟悉以後陌生遮去所有，旅行者從腳邊撿起陌生再組構起第二世界，對不認識我的陌生人來說我也是陌生人，陌生不找階梯下也沒有歷史與未來，眾多陌生的集合才讓旅行成立。沒有網路和電視的夜裡，不尋常的作爲和肢體有些不自然，我竟對自己也感到陌生，我們通常稱爲不習慣。不習慣空蕩的粉色房間，不習慣巨大的走廊，不習慣兩張無人的空床。但一切又不犯錯的存在，乾淨無瑕一塵不染，於是我說矛盾詭異。

隔天起得早，我又打包行李，離開前把《只愛陌生人》留在五斗櫃的第一格抽屜，並屬名祝你旅途愉快。走過大走廊時隔壁有女人開門探頭，像是常住客，因爲背後門縫露出了近乎塡滿的家當和小孩吵鬧聲。女中不在，牆上一共二十三個房號有三間被畫了叉，我把鑰匙留在櫃檯，拍了幾張照，默默的告別讓我感到失寵落寞。走出旅館又回頭拍了一張有山牆的立面，看見二樓一位光頭佬在陽台抽著菸，表情很淡沒有理會我。反正也只是僅此一夜的過客，陌生是活該，就別把旅行猛塗上自慰的幸福光澤感（設計對白）。

這一夜像被降格的小市區定義，詭異旅館和陌生人適得其所，女中看電視、光頭佬抽菸、女人和小孩躲在房間裡，走廊再怎麼違反比例的寬也就僅有風吹進一場空蕩，所有屋子裡的陌生無聊都是剛好而已。陳雪《只愛陌生人》，Hebe〈寂寞寂寞就好〉，賴香吟也在《其後》裡寫道：「沒什麼好慌張的，孤寂就孤寂吧，與孤寂同在，細看它的模樣，看熟了就沒有什麼好慌張的。」

後記——返台半年後收到張來自一對台灣夫妻的明信片，他們住進同一個房間看到我留下的《只愛陌生人》，寫了張卡片來聯繫這段時空差距，我爲這捉弄陌生的成功而感動。該說陌生這玩意稱讚不得，像孤傲的薔薇，越來越得意忘形。

現在之外
Universe in
Our Ears,
Return Ticket
2012. May
WITCH HOUSE
女巫店
App
OSAKA COLLEGE OF MUSIC
ACIDMAN
TOUS
Creative
AWARD of BenQ

中遠之星
COSCO STAR

内厝澳路
325后座

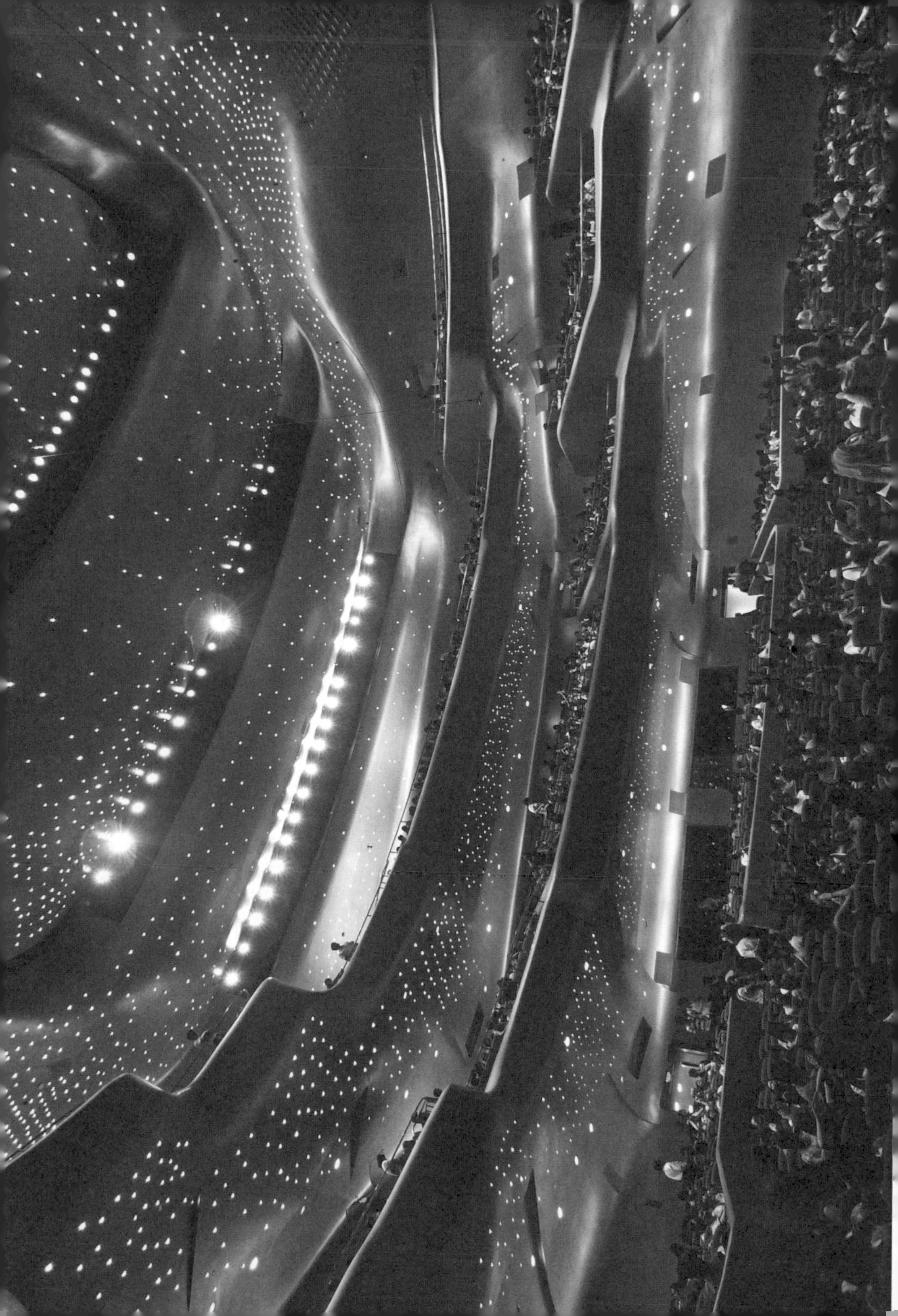

NIKE
NIKE

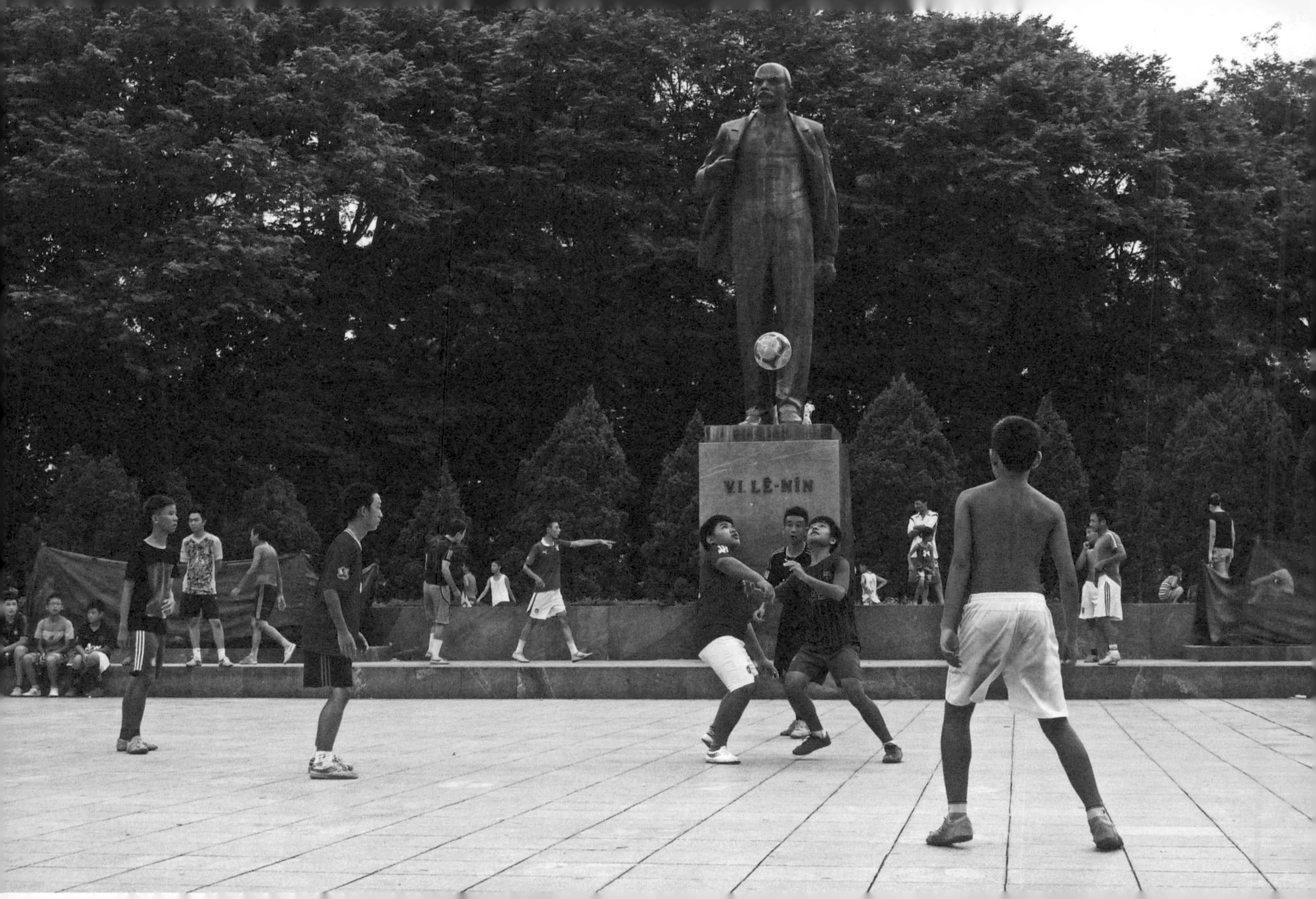
V.I. LÊ-NIN

AQUAFINA

HỦ TIẾU

HIỆU VẢI CLOTH SHOP
KIM QUYÊN

MYSON TOUR
BUS ⇌ BUS : 100000
BUS ⇌ BOAT : 140000
Include. Tour guide
Water
F. Vegetable Rice
Daily Cham island tour
by speed boat
HOME MADE ICE CREAM
• VANILLA
• CHOCOLATE
• COFFEE
• COCONUT
• MANGO
COOKING CLASS

C6
B6

CÔNG TY CỔ PHẦN GTVT QUẢNG NAM
Khối II, Hòa Thuận, Tam Kỳ, Quảng Nam
MST: 4000293515
Q.J.C
Mẫu số: 01VEXK3/001
Ký hiệu: AA/12P
Số: 0003664
VÉ XE KHÁCH
TUYẾN LIÊN VẬN Q.TẾ VIỆT - LÀO
Tuyến đường (Bến đi - Bến đến) Q.NAM - VIÊNG CHĂN
Số ghế:
Số xe:
Thời gian khởi hành giờ phút, ngày
tháng năm
Giá cước:
(đã bao gồm thuế GTGT và Bảo hiểm hành khách).
Ngày tháng năm bán vé
Savanh
In tại Chi nhánh Công ty CP In và DV Đà Nẵng tại Quảng Nam * MST: 0400101517-001

「泰式奶茶四千 kip、寮國啤酒八千 kip、豬肉湯麵十五千 kip」，一美元約等於八千寮幣，透過幣值所交易到的生活物件更能建構起價值觀，一杯茶、一罐酒或一頓飯都在腦子裡用相同衡量單位畫出了大小。寶石旅館的趙太太教我，結帳時該說的寮語是「多少千？」而非「多少錢？」

在沙灣拿吉的飲料攤喝到熟悉的泰式奶茶，橘橘紅紅的滋味才讓我鎮定，把跨過越寮邊界時的不順與驚惶溶在大量碎冰的甜膩裡。隔著湄公河就是泰國，第二友誼大橋已興建完成，海關渡口已閒置，幾十分鐘就有一班跨國公車，對面的穆達漢到曼谷只要七個小時，我甚至想就這麼重回那兒曾經熟悉的舒適旅行中。

旅行至此二十二天，已過四分之一，這麼計較著時間刻度，是在倒數或是哀悼已用掉的額度？

寮國人有一致溫柔的眼神，和緩的動作與細而輕的聲線，也許是低密度的城市構成給我錯覺，房子被扯遠了，人們被疏散了，街道安靜了。沙灣拿吉是塡進我未知空格裡的第一個寮國印象，沒有喧鬧的人車，沒有密集的高樓，眼前不曾同時出現超過十五人，路上有九成是空的，巴士站也落得一派清閒。我對寮國所謂「城市」的猜想落空，重摔了一跤，立即又如羽毛被熱風揚起，輕飄飄地晃蕩在城裡。

到巴士站買了隔天晚上到永珍的車票，唯一的正事完成，恐龍博物館又一點半才開，我坐在巴士站的長椅上等候著，也躲正午的太陽。

跨國公車一輛開走一輛又來，泰寮居民每日都是如此往來著，就像上市場般尋常例行。我呆望著車站裡唯一的月台發現，有時巴士從右靠站，有時又自左邊載客。原來是寮泰的車行方向不同，泰國靠左，寮國靠右。同一條路線由兩國巴士共同行駛經營，於是乘客從右邊上寮國的車，而泰國巴士門在左邊，只得逆向進站才便於乘客上車。

車站月台翻轉方向體現了邊界兩側的差異，是以靜見動，亦如我跨越上個國界所帶來的視差，第二大城於此只是個無華小鎮，慶幸邊界篩濾了成見。

沙灣拿吉曾發現恐龍遺骸化石，我因此慕名想一訪恐龍博物館，但卻連續兩天撲空，明明是開放時間卻鐵門深鎖，只見到門前手工招牌上的小恐龍。沙灣拿吉並非觀光重鎮，留下的皆是過境旅客，幾天來我只在一家飯店前見過三個外國人，許是幾近於零的遊客讓館長以為偷懶是默許的。

鎮上的一舉一動並未因遊客而有所改變，法式殖民建築就像陽台上淘汰的大型家具在往日裡凋零破敗，至今成了廢墟，如不屬於這個時代的恐龍，理應留在過去。那些靠近的歷史，我們身為過客，見到的就是正在消逝中的片刻。時代風化了磚，雨水蝕散了瓦，陽光自腦勺射入廳堂，潮濘的室內蒸出絲縷白煙，室內泥土已蔓草蒔花，散發出靜靜坦然之味。

我偶見一隻黑白花貓自屋內躍立於缺扇的木窗台，背後纏繞新藝術風格的鐵花窗，我發出聲音引貓看了鏡頭趕緊攝入，紅磚、藍窗、綠草、花貓，巧景是萬中選一。隔日午後見貓又在原地現身，我感嘆這千里緣分竟能加乘，又驚又喜之餘二次將之拍下。回去打開電腦一經比對，才發現是不同的兩隻貓，因黑白花色相同，也因黑白花色而異，二號貓彷彿戴上了墨鏡，自鼻心兩翼遮上了黑罩。

出發前中南半島上的國家有如揉過的廢紙，在腦中摺皺成團，何有邊界方位可言。此行途中相似的東南亞臉孔與風景，若不經心，硬說是異國風情，也僅是相片上美麗但粗淺的熱帶背景。

兩花貓棉裡藏針的懾人瞳眼，嘲笑愚人以為意外巧合中的巧合意外，一場花貓與廢墟的冷酷異境。

城市可以無聊，但不能無趣。無聊能自得其樂，無趣就只能離開。

小鎮上的美麗建築已卸妝素顏，空曠平淡的城沒有取寵花招，並無意招人注目。這城不留人、不多給，靜靜歷經日夜，若你來，就問好，笑也微乎其微的淡薄。旅者於此無法期待被風景滿足，反過來，卻想自作多情來粉飾城的瘡孔溝痕。暫時膩了移動多過於生活的旅行，留在沙灣拿吉四天三夜已是奢侈。

我想起年幼時暑假到高雄路竹大姑家住了幾天，成天跟表弟們作夥玩耍，小孩子的玩不過就是騎著單車在巷道裡鑽，有時越過鐵路到省道上的文具店逛，或到停課的學校裡探訪平時不敢去的神祕角落，這些離開家門一公里不到的路程，在我們的口中已稱之為「探險」，小小的初心是如此的敏銳與珍惜。

陽光大好的湄公河，視野開闊波光粼粼，隔岸泰國在天空和水面之間壓縮成一排滾邊矮灌木叢，寮國人在這岸白煙瀰漫的矮桌上吃烤肉，寮國啤酒的金色空罐堆滿桌邊，再平常不過的午後。

地圖上的邊界是左右上下，當身處其中，邊界是前後、是昨天今天、是他們和你們、是未知與豁然。

b04 迷你首都的落日與啤酒

我喜歡永珍，並且認爲世界上沒有第二個這樣的首都。

LP城市簡介文末提到：「這座城市雖然沒有龍坡邦所展現的那分典雅美麗，但日落時在河邊品嘗一瓶寮國啤酒，很快的你就會喜歡上這裡的。」一出現「雖然」二字，已是爲當地的某些缺陷心虛了，後面再補上什麼都是強說詞。反之，若單單只靠「日落、河邊、寮國啤酒」就能讓人愛上的城市，肯定寥寥無幾。

遊客在永珍只有第一天需要地圖，後來只靠幾條街就足以建構每天主要的活動範圍。永珍首先打破我萬花筒般城市紋理的首都印象，既然這個深藏內陸的國家我一無所知，那麼「認知」也就得暫時放下。

城中最寬的馬路通往凱旋門，來回走過一次就不會再去。另兩條與湄公河平行，其間的小巷道開滿了餐廳、旅館、旅行社，旅客大多在這裡吃住玩樂（台北至今沒有這種專屬旅行者聚集的區域）。就這樣，永珍搞不好已經比你過年回外婆家的那個小鎮都還小，也許永珍不小，是端出來給外國遊客的永珍就是這麼小，概念的小。

迷你的首都，待了六天五夜，換過一次旅館，認識一個寮國朋友，愛上一條河流，看了五次落日，喝了N瓶寮國啤酒。

我不曾認識、也不曾去過在國界上的首都，永珍以特異的姿態站立在世界其中一條邊界上，臨著河，望向另個國家。這地理組成條件實在奇特且誘人，但若不說對岸就是泰國，風景則平凡無異。並非緊貼泰國有什麼奇觀或好處，而是一個城市因此有了一處不受打擾的概念邊陲，沒有穿過街廓的道路與欄杆高牆，彷彿一片大落地窗隔絕了噪音，冷風吹不透卻賞盡了美景。以政治空間的配比來說，既邊緣又中心，有種我家客廳就增建在別人家陽台外的錯覺，隨時窺視著某些羨慕與忌妒。

大街上的每一條小巷都通往河畔，讓我想起印度瓦拉納西與恆河，而我也只是逐日望著河的對岸不曾踏上造訪。我們下午四點就會來到河岸，帶著啤酒坐在堤防上。背後禁行車輛的馬路滿是慢跑騎車散步的優閒人們，前方是乾旱的河面，沙洲上偶有吃草的牛群和體力過剩的少年，對岸則是一排矮樹露出幾棟紅屋頂的房子，那已是泰國領土。

長長一兩公里河畔僅有基本的公共建設，看日落的廣場大階梯、運動休閒的公園、充當跑道的柏油路、光禿的水泥鋪面與設施，其實一點也不美不浪漫。但一處沿著河岸的空曠場所，有夕陽、有河流、草地、可以和朋友運動歡笑、可以和親人共度、可以和情人並肩而坐用只有兩人聽得見的音量說話，這些簡單的享樂在這簡單的國度，沒有太多景點的城市釀出沒有雜質的簡單韻味，好像好茶就得用高山泉水，才能沖出更清澈的香氣。

他們說寮國窮、說永珍無聊，到底是心底多麼空虛的人這麼難被填滿？到底是腦袋有多複雜的人感覺這麼麻痺？應是已失去享受「簡單」的能力。視線右方即是落日的位置，六點太陽沉入湄公河遠方的盡頭，喝完入夜前最後一口啤酒，把鋁罐捏扁，金屬扭擠的聲音與台啤無異，只缺少該被回收的情緒。

我特別喜愛這河畔午後，每天都來，也不爲什麼，落日只是個每天上場的演員，不是

「非去不可」。此刻就如週末自然醒後還賴在被褥中，十一點的陽光已經照進混亂的房間，就呆滯望著天花板，沒有催促，沒有提醒，沒有接下來。

廣場上的夜市亮燈開始熱絡起來，吃過晚餐的觀光客穿著短褲背心和拖鞋，逛街散步也散心，買件印上我愛寮國的踢恤紀念此行。堤外入夜之後的景色則無垠黑暗，鄰國土地消失，永珍被擠到世界盡頭，河流是海洋也是宇宙。

啤酒入夜後是酒吧裡的暢飲茫茫，是慰藉孤獨的酒後說愁，湄公河是陪伴也是傾聽者，他懂旅行者爲何遠行至此，千里迢迢只爲落日和啤酒，他明白這些都是藉口又不說破，就算一夜過後就是告別，還是伸出緩緩的台階讓你走下來，說，這是旅行啊。

昭阿努立在河邊的雕像抬起右手揮向泰國氣勢恢弘，而不遠處空地已被施工圍籬圈起，現代化的國際商業中心模擬圖宣示著永珍向錢看的未來，日後這片空曠將慢慢被慾望吞噬，人們不在乎何時落日，昭阿努的雕像將被移到公園裡陰暗的一角，那時永珍已不再需要這單純的景色和不值錢的優閒。過去與未來只供詠嘆，旅行者的資產只限當下，廣場陣列的旗竿高掛社會主義的旗幟，最窮的寮國幸福指數排行全球第二，經過這幾天河畔的流連，我喜歡永珍，我可以了解。

挑了幾個之後要去的寮國城市，在一家沙灣拿吉的咖啡店翻拍了幾頁旅遊書。店家的盜版書印刷品質不佳，但也已經比我的舊版本好用。我帶上路的是〇七年的東南亞濃縮中文版，給的資訊已經過時，老讓我撲空。不可能把每個國家的單行本都帶齊，只好在路上想辦法。我一頁一頁拍下，再到永珍的網咖一頁一頁列印出來，地圖部分特寫放大成A4，要每一條街巷裡的小圖示都看得清楚才行，做設計的職業病在寮國的網咖又悄然浮現，讓我在雷射印表機前耗了好一陣子。

我是在這幾張翻拍列印紙裡找到的傳統藥草蒸汽浴認識T的，所以稱他蒸汽男孩。所謂傳統藥草蒸汽浴，就是在一個小房間裡充飽霧濛濛的蒸汽，老闆娘會定時進來更換蒸汽出口的藥草，蒸汽混合著藥草香，整個人就如置身煮燒仙草的鍋子裡。吸入體內的蒸汽稀釋旅途累積的負面情緒，想家、寂寞、空虛、焦躁等，在胸腔中與安穩柔軟的香氣凝結成水珠後排出體外，而後自毛孔汩汩流出的汗水將洗去一層疲憊的汗垢。

蒸汽屋外是一處男女共用的室外中庭，十坪不到，擺放了兩組表面貼了瓷磚的規格化水泥製桌椅，桌上有免費的熱茶與茶杯，通常是男女各占據一桌。中央有棵樹蔭足以遮去半個中庭的大樹，一角圍出中庭的L型建築，一樓是淋浴間和美髮沙龍，二樓則提供傳統寮式按摩，總之就是個透過各種方法讓人煥然一新的迷你園區。沒有可以泡澡的浴池，因爲藥草蒸汽小屋才是這個空間的主角。而之所以可以男女共用，是因爲所有人都圍著一條麻料沙龍，不論在蒸汽屋或中庭時都濕答答的穿在身上，所以若其中一間蒸汽屋故障，男女是可以共用另一間的。

蒸汽屋內所有人彷彿雲端上打坐的神仙靜默氣定；蒸汽屋外全是打入凡間的男女聒噪家常，裡外判若隔世。每蒸個三五分鐘藥草浴，就到戶外納涼喝茶，來來回回數次之後，身上的皮層彷彿不停的更新，便覺神清氣爽，感官知覺都敏銳了起來。我非常喜愛這個小中庭，小巧可愛不造作，每日的句點若能如此淋漓舒暢，旅行至此也就夠了。

「@#$%&*@&？」

「不好意思，我聽不懂寮語。」

「這是你的杯子嗎？」T指著杯子用英語再說了一次。

「喔，不是，我的是這一個。」桌上散落著好幾個杯子，一不注意很容易搞混。

「喔喔，不好意思，你是韓國人嗎？」

「不，我來自台灣，你聽過嗎？」T是大學生，在寮國受高等教育不容易，應該有個不錯的家庭，不過許多寮國人也會選擇到鄰近的泰國、越南或中國念書。

「你們台灣有幾所大學？」

「一百五十幾所吧？那寮國有幾所？」

「只有一所。」T就是寮國國立大學工商管理系的學生，這是我在國外第一次有人問起台灣的教育狀況，也許寮國的資源匱乏讓T保持著對國外的好奇心。

「你來度假嗎？」

「嗯，不太一樣，我正在旅行。」我正想著如何解釋長達三個月的旅行不等同於度假。

「怎麼可以旅行三個月？不用工作嗎？」

「我是自由工作者，也在學校教書，趁暑假出來。」這下子話匣子是完全打開，話題越來越複雜。這裡九點就打烊了，也是因爲一旁三個韓國女生嗨過頭的音量快要淹沒我們，他邀我先去吃個消夜塡肚子，再一起去酒吧好好聊聊。

剛才我們都裸著上身渾身濕透，原來他是一個這麼襯衫筆挺的小夥子，不停的從後照鏡撥弄他被壓扁的頭髮。吃完附近的路邊攤後，我坐上他的打檔機車，往河邊騎去，永珍的夜生活幾乎等同於酒吧。寮國啤酒便宜又好喝，從他出車禍後的人生低潮聊到家庭問題，我們喝了將近一手，聊天越來越大聲，我從來也不知道除了中學時的英文朗讀，我可以用這麼大聲的英文說話。隔著馬路就是湄公河，夜裡一片漆黑只剩對岸幾戶泰國人家的燈光射過國界來。

「我只去過曼谷，我好羨慕你可以到處旅行。」我想在永珍的每個外國人應該都比我去過更多地方吧，因爲你生活在首都，又能與外國人溝通，才發現世界的中心其實不在永珍。你幻想寮國以外的世界，即使未曾到訪，也試著在心中畫出綺麗的藍圖。其實當你我都讓腳下世界越來越大時，重新定義了世界的中心，但那不見得與你自己的重心位在同個點上。

「你接下來要去哪？」

「龍坡邦結束後入境泰國，然後往南到馬來西亞，再到新加坡，最後回台灣。」

「那—我—呢—？」酒酣耳熱惚恍之際，你夾著冰塊往玻璃杯裡丟讓啤酒更順口一些，此時我們都很濫情，但即使我用中文回答，這個問題還是太難。你是埋怨或撒嬌我都聽不見，我唱王力宏（T唯一認識的台灣歌手）的〈你不在〉來掩埋三秒前的對話，會唱歌代表我茫了。

啤酒是拿來剖開黑暗腹肚的刀，讓你把淤積的東西吐光，但只限在那個與眞實隔離的洞穴內奔放，醒酒後就忘得一乾二淨。彷彿煙霧翻騰的蒸汽小屋，走出去了我們不是陌生人，也一起有默契的跳過了那幾分鐘空白。

「明天我可以帶你去塔鑾寺，十點到旅館接你，明天見。」

依約十點下來大廳，T已坐在餐廳喝可樂，約好今天要帶我去塔鑾寺。塔鑾寺離旅館有些距離，如果自己去就得租腳踏車，幸好，T今天去醫院看完媽媽以後就有時間陪我一起去，騎機車不用十分鐘就能到。T穿著愛迪達運動上衣、白色及膝短褲、深藍色運動帽和帆船鞋，比起我被太陽曬到褪色的踢恤和夾腳拖窮酸樣是體面多了，彷彿他才是精心打扮的遊客。

寮國的機車與泰國相似，車身骨架輕巧，不像台灣機車都包覆了虛胖的塑膠殼，行駛起來也比較安靜溫順。T爲我準備了半罩安全帽，騎機車雙載出遊似乎沒什麼特別，但是跟寮國人一起感覺還是不同。彷彿發現了從IKEA買來的馬克杯，雖然再普通不過卻來自某個遙遠的東歐國家，一種空間現實被連結的新鮮感。

其實去不去塔鑾寺不是那麼重要，與寮國人的近距離互動才是有趣的。

金光閃閃的塔鑾寺是永珍最醒目的名勝，比起爲了紀念戰爭而建造的仿凱旋門，更有寮國人民對宗教的虔誠情感。晴朗的藍天白雲與金碧輝煌的佛塔是最鮮明的觀光客到此一遊，我們幫對方拍照，不必自拍，終於留下了背景超過畫面八成的獨照，清楚的臉部也得以完整保留在畫面中央。繞了一圈沒逛太久，買了幾張明信片就離開了。

T接了通電話，是久未見面的好友M來電邀約，他也熱情邀我一起拜訪她家。這難得的作客機會，我當然非常樂意。到寺廟對面的小吃攤買點食物飲料，烤豬肉配上從竹簍挖出來的蒸糯米飯、炸豬皮和一種異常鮮豔的綠色飲料。若不是T，我應該不會嘗試這些陌生食物，而日後也常在路邊攤販買烤肉配著米飯當正餐。

平坦的柏油路面不知何時消失，一陣顛簸我才回神機車已經騎在坑窪的泥土路上，不是煙塵瀰漫就是泥濘難行。離開市中心沒幾分鐘，周遭的景色就彷彿倒退了幾十年，城市的面貌似乎只維持到外國人活動範圍外半公里爲止。

其實我擔心過自己的安全，沒有手機，坐上T的機車我可能就此消失於寮國某個陌生角落裡，但自助旅行者總是相信直覺，旅途才因此一再開展。

當機車鑽進越來越偏僻的鄉間，我好奇的觀察著建築與街道，這些地方都是因爲T才有緣拜訪的。旅行到底能走到哪裡往往不是看地圖規劃出來的，足跡反而像是一棵樹長出新枒，方向則是遊戲關卡裡的機會和命運，端看自己翻開了哪張牌。

機車轉進一列平房前停下，我們直接走進了最內側的一間，雙人彈簧床擺在貼滿花瓷磚的牆角，電視也直接放在地上，家裡空蕩簡陋滿是沙塵，客廳與臥房沒有區隔，二十餘坪的空間住了包含老奶奶的一家六口，就像是工地旁午睡用的寮舍，但T羨慕的說這一整排六間房都是M蓋來收租的。幾隻雞飼養在倒蓋的半球圓型竹籠裡，屋後有片果園種了芒果和芭樂，一些泥水工程還未完工。M雖然不富有，但應該還算衣食無虞。

M從屋外喚我們坐到屋簷下的水泥餐桌，幾副碗筷杯子已備好。T要我獨自到街上的雜貨店買包冰塊，拿了錢記住冰塊的寮語，如遊戲般的要完成任務。到了雜貨店正準備開口，T其實已偷偷跟在身後，我還來不及表現，老闆娘就拿了兩包冰塊，還多買了青木瓜沙拉回來配酒。「你沒說話，老闆娘就看得出來你是外國人！」T誇我氣質與本地人就明顯不同。

我們在M家喝酒吃肉高聲談笑，寮語的對談聽來非常熟悉，與泰國人扁平又響亮的聲調如出一轍，置身暢談之間雖然不明其意，卻一直保持著看泰國搞笑片的輕鬆氣氛。

晚上，我們又和M在永珍的酒吧碰了面，下午還是對小孩大吼大叫的老媽模樣，現在竟穿著黑色低胸洋裝坐在高腳椅上大口喝著啤酒，又長又直的中分黑髮放下來稱得上是個風情萬種的東方女郎，也許這角色的轉換就是她不能走遠的旅行。

與酒吧店員都熟識，舞台上樂手奏起南洋風的搖擺音樂，我們腳踩著重拍晃動身體，M伸長了手像海草般隨浪波動著，端酒的服務生一時興起就上台唱起歌。無論生活好不好過，酒和音樂是不能少，嗯，生活是該這樣過。

我們喝多了，日子在黑暗裡的湄公河畔飄然美好，無憂南國即是此時此刻。

隔天T來旅館接我，不是要去哪玩，是我要離開了，中午到旺陽的車。其實我若邀T一起去旺陽去，他應該會答應，但我沒有開口。與他道別時像辦公室同事下班先走般平淡，一句「路上小心喔」機車就迴轉騎走了。

他沒說保持聯絡，我也沒說會寄照片給他，沒有期待或傷感，不知派上何種表情才適合現在這種不多不少的離別。筆記本裡留下的電郵和幾行寮文，真的只是紀念，我們也就自彼此生命中消失了。

兩日遊，不無聊也不深刻，占我旅行的四十四分之一，是寫在我的遊記中了，而T用什麼方式留下來了嗎？像在夜色裡喝下的一罐罐寮國啤酒，隨著身體蒸發的汗水將酒精代謝。我們永遠不該保持清醒，那是小氣失敗者的面具。

敬在路上的男男女女。

開往旺陽的巴士，車窗玻璃蒙上一層長了黴般的厚重灰塵，應是濕了又風乾，乾了又逢雨所致，日積月累沉下來的。一路上似乎也沒市郊之分，就是零星出現路旁的民宅，像是飛機空投下來的，隨機又分散，但密度始終維持一致的薄弱。不似其餘東南亞的公路旅行，維持著進城車速減慢、出城一片寂寥的規律。似乎寮國的城市就地圖上的那幾個了，不會再有意外。

最後車子停靠在一大片空地旁，空地巨大平整得超乎自然，坐在最後一排的日本人說：「旺陽到了，這裡就是旺陽。」一副老油條的口氣，彷彿他是車掌般替冷酷的司機發聲，我這新生趕緊聽話抓起背包下車。車子沿著巨大空地邊緣駛進地平線裡，留下我和日本人。這時旺陽像個在山谷裡被隕石擊中的外星球，無邊無際的科幻尺度，一位婦女牽著小孩悄悄走過身後，極遠處純淨的山林和民舍彷彿一場外星人設下的甜美騙局，景片後方應只是黑暗的無底深崖。

「這裡以前是軍用機場。」日本人說。

幻想如泡泡碰觸到地面粉身碎骨。廢棄的機場跑道猶如旺陽的中央公園，一塊可以行走很久不必轉彎的空地，一旁幾家冷飲攤販在樹蔭下伺機等候著。在我眼中，如此大規模的人爲痕跡，對比起滿山滿谷的自然風光，彷彿證明寮國政府曾眷顧般的存在。

越過機場空地後的方格城鎮平凡無奇，醫院、郵局、銀行依然無精打采，餐館民宿一如雨季陽光般懶散，下午沒生意時就如洩氣皮球癱軟在地。

b07 水果、炒蛋、法國麵包和黑咖啡

「找房間嗎？要進來看看嗎？」俐落短直髮的老闆娘像是寒暄問候，沒有做生意的勢利口氣。

她背後的這家民宿的確在我手上的名單裡，但看著爬滿綠藤的木屋整潔清幽，店名裡Villa字眼卻讓我卻步，直覺此處並不屬於我。沒有拒絕，便順著老闆娘的笑容進門，表明我預算有限要找便宜的房間。「有一間單人房五萬kip，很小，共用衛浴，可以嗎？」老闆娘善解人意的說。不到台幣兩百就能住進Villa，我暗自竊喜，但還是不免俗的試著殺價。

「四萬五可以嗎？」

「我們已經很便宜了，而且還有附早餐。」我欣然住進來，並期待著這樣可愛的小別墅，會提供怎樣的早餐。

房間在二樓，脫鞋後才能爬木梯上樓，一個寬敞的半室外陽台上放著一組餐桌椅及一張三人座長凳，陽台外是一片爬滿屋頂及庭園的綠色植物，含側邊的兩間衛浴，都由二樓的四個房間共用。我的房間中央是一張附蚊帳的粉色單人床和一盞壁燈，左右留下一個人寬度的走道，木推窗外是鄰居鏽蝕的鐵皮屋頂，幾朵紅花自一樓庭院茂盛地開了上來。房徒四壁，窄小而簡單。目前只有我一個客人，於是我獨享整個二樓，全木造的陽台、淋浴間都是我房間的一部分。老闆娘養了兩隻大黃狗，成天就聽著吉他聲睡在一樓大廳的臥床上，狗也成天處於度假模式。

第二天，在隔壁小吃店的工作聲響中醒來，洗碗盤、榨果汁機馬達聲、炒菜聲，沒有所謂的隔音。我僅是住在借用大地一隅、用竹編牆隔起的架高房間裡。

下樓到旅館對面的餐廳吃早餐，說餐廳也只是四邊開敞通風的高腳屋架空底層，這裡看得見、聽得見河流，木橋的對岸是幾棟離河水不到兩公尺的木屋。隨意挑張桌子坐下，三分鐘後小姐端來早餐，兩種水果、半條法國麵包、一份炒蛋、一杯黑咖啡，皆是原味，毫無取悅人胃口的花俏動作。如此時刻、如此風景、如此味嘗，簡單而豐盛。

我竟覺一分足以入口的「簡單」如此難求，非得辭了工作、丟了手機、削減物慾、遙遠千里至此才嘗得到。這些食材極其普通，是心境的刻度都調整至一種巧合的完美，溫度、濕度、風向、周遭的房客都配合的適切，讓這份早餐格外清晰，彷彿由路途歲月蒸餾而來。吃完早餐沒有計畫，不急著離桌，延續這份安靜的溫存。旅行多好，早餐多好。早餐、旅店、旅行是該如此柔軟透氣。

就憑這一份早餐，我願意在旺陽住下來。

一段偏執狂的長路後，我在旺陽中暑了，又冷又熱的像條被烘乾的蝦子夜不成眠。天明睜眼後看見的旺陽竟是遮了濾鏡似的黃澄一片，全身軟弱，步伐遲滯。既走不遠，就好好留下休養回神。我的旺陽因此無視裸身瘋癲不可一世的遊客，小鎮還是小鎮，留了一角靜好給我。

我在旺陽除了商家老闆彷彿見不到本地人，所有能用餐的店家都已觀光餐廳化，鋪滿軟墊供白天戲水累癱的遊客像病人似的躺著用餐，喝著啤酒抽著大麻，世界又更綺麗歪斜了。街上盡是如複製般的煎餅三明治小攤，每家的價目表字體顏色一致如出自同一人之手，每日生產出的潛艇堡航行里程累計已繞了地球好幾圈。

傍晚隨意來到馬路旁一家食店，幾個簡陋的木造亭子裡也放了抱枕讓食客赤腳放鬆盤坐，我要的豬肉蔬菜飯和芒果汁做了半個小時還沒上桌。幾隻小雞就養在亭子下，嘰嘰咕咕在周圍啄食追逐，陪我慢慢等。

或許，同一個小鎮要清淡或重鹹，亦能客製化。

在旺陽住了幾天，對水上活動一點興趣也沒有，也許是心底暗自不想與那些裸上身滿街咆哮的白人爲伍吧。一路從廣西到越南，雖然看膩了喀斯特地貌，還是選了一個書上的岩洞準備前往，也許來回十四公里的路上自然會有些趣事或美景。

從大馬路右轉進度假村旁一座要付費的吊橋開始，過橋只收費一次，反正終得回來，這過路費買的是河對岸一大片土地和漫漫長路，卻不負責你回不回來，消失了也無妨。過橋後岸邊還有鎮上殘餘的聚落，之後就是無止境的山和稻田。走在泥土路上，以自我爲中心，感覺到的不是經過了什麼，反而是被什麼經過。一兩公里出現一次的簡陋房舍、迎面而來鐵定向我問好的當地人、騎著租來的機車從背後超越的遊客、飼養的雞牛鴨羊、河流裡戲水的孩童、踢籐球的少年，有如楚門的世界被設計過一般的依序經過我，因爲速度太慢，只剩我被丟在路上。這裡人口密度極低，偶爾現身的人和屋子讓我確認和世界保持聯繫，還收得到文明微弱的訊號。

因爲徒步，我心裡的靜默漲大膠著，只留雙腳在思考。一個小時又過一個小時，從旅館帶來的瓶裝水消耗得快，走了好深好遠的路，但終究未見終點。能否在天黑前抵達？更何況我還有回程？又或者我根本離岩洞越來越遠？我痛恨那些標示總是語帶保留。天色亮白風光逕自明媚，但旅程開始不輕鬆，是身體和時間運作的相對刻度模糊不清讓我不安，即使離岩洞還很遠，我覺得自己是愛麗絲，在大太陽下的仙境夢遊。

我不曾問路，但岩洞終究是到了。空曠的停車場前是售票亭，我掏出鈔票，少年有點爲難的用英文說：「請問你有小鈔嗎？我們找不開。」語畢，其餘兩名少年爲售票員順利的說完這一串英文拍手歡呼，我也覺得可愛極了。停車場上停著一台雙條和幾台機車，司機在後座吊床上納涼，看我的眼神好像在懷疑我該不會是走來的。

岩洞不在地面，必須手腳並用地向上爬兩百公尺才是洞口，這完全沒料到的情勢有點難度，讓穿著拖鞋的我有些驚險狼狽。由於沒有租用頭燈又沒帶手電筒，只好摸黑走進岩洞，陰涼洞穴裡的中心有座臥佛像，也是洞口光線唯一直射之處。不見其他遊客，也不知這洞穴有多深，只能用肢體感覺前方通道，深怕一個失足我就跌進另個時空回不來。天色漸暗我顧慮著回程，於是我草草看過岩洞就又爬下山來。

看來，其實我對岩洞也是興趣缺缺，只是想走過這段路，我的「景點配角論」。

我買了大罐礦泉水就又匆匆上路，經過雙條司機時他的眼神又更疑惑了，在岩洞裡待的時間不及我來時花費的十分之一。這次知道盡頭在哪以爲回程會快上許多，但七公里除以一步六十五公分依然瑣碎。去程超越我的白人，又在回程中超越我，我想叫住他載我一程，但終究是沒喊出口，每次聽見車子靠近的聲音就冒出這念頭一次，但終究埋著頭慢慢走著，走進眼前越來越黑的消點中。下午記憶中走過的景色接連再現，但終究不是那個橋邊的村落，無辜的熟悉風景卻一再讓我灰心。再次經過孩子玩水的溪邊，傍晚全家大小都出來洗澡，準備迎接一個安靜涼爽的夜晚。我像個發燙的鬼魂飄過，沒人察覺我已暗自從夜色中穿過。

兩小時過後，我拖著疲軟的身子坐在鎮上河邊的餐廳裡，等待我點的炒飯和香蕉汁上桌，餐廳的時鐘顯示著晚上八點，但我的手錶才七點，我竟搞丟了一小時，我的機械錶偏偏在這路上慢了。仔細查起照片想確認時間，才發現在岩洞中拍下臥佛的那張照片，從上一張的二〇一二年七月十五日下午五點廿七分，跳回了二〇〇五年一月一日中午十二點，時間失蹤不可考。

那天夜裡的夢中不停重複出現修築那座橋的畫面，發燙的身體卻覺得冷，我中暑了。我的一再偏執狂，用一種語無倫次的節奏，把下午那段路扯得遠比我想像的還長。

我常會走上一段路，越走越遠，是有些不得已，既然已經上路要作廢折回也不是，終點比想像中遙遠，還是就硬著頭皮走下去。也非因爲什麼走路才是親近土地的王道之類的高尚理由，只是不想多花任一分唇舌與人交涉。能走就走，走得到就走，安靜的走，自己走，慢慢走，常常在旅程的行進中顯得自閉。

我也曾用八個小時徒步環日月潭一周，呆呆的望著湖與陸地的交界，像一條扭曲的橡皮筋，心想繞一圈回到原點應該不遠吧？人脫水了、腳也磨破了，草率的決定讓自己吃盡苦頭，不過終究是走回來了。

這些偏執的長路好像被隔離開來，來回一趟，可以整段被刪去，像個外掛，是旅程中的旅程，很有意義，又好像沒有；好像值得歌頌一番，又好像只是個傻子堅守不必要的原則。

b09 最深處的他方

龍坡邦，寮國行程中最後一個城。寮國是我此行中最陌生的國境，一點概念都沒有、很遠、很遠的地方。

寮國如今已非常受到背包客歡迎，造成物價遠遠不相稱當地的貧窮，即使如此，這些也都是我旅行過後才知道的。出發前我完全不曾擁有過一絲寮國資訊，也沒有慾望或理由想認識這個連在世界地圖上都指不出來的國家，所以我由衷感謝旅行可以漸漸解開我不知羞恥的無知。

身爲彈丸島民來到大陸裡的內陸國，賴以爲生的水氣和海浪帶不來，就以爲世界離我好遠。船和巴士開了一百零一個小時不停才從基隆港到龍坡邦，那是土地眞實的距離。至此，將漸漸重回熟悉，像馬拉松跑者的折返點，之後是去過的國家、聽過的語言、習慣的海洋，離台灣也越來越近。龍坡邦是此行最深處的他方，離台北最遠的內陸山中，他既不在中間，也非一半，是指尖概念上的平衡重心，上山與下山跨越的稜線，一個私我旅行心理認定的重要位置。

如此慎重，值得一篇長長的序言。一如他們給龍坡邦的皇冠，世界文化遺產、亞洲最有魅力的城市、旅行攝影家夢想的天堂。想像僧侶在清晨薄霧裡的法式殖民建築老街上托缽，畫面沒有缺陷，美麗瀕臨頂點。但我害怕面對經典，他們愈是讚頌，我愈不知所措，那會給詩人築上堅固的玻璃帷幕，隔絕柔軟的飄揚毛屑。我深深害怕潔癖，因爲最後我會無話可說，拿他們的評語填上試卷空格，說美、說好、說好美、說一生一定要來。

初見龍坡邦是在一場大雨中。下了車，撐開傘，帶著旺陽旅館老闆娘的紙條，要我去找她先生在龍坡邦開的旅館，她承諾我攀上關係就可以得到折扣。越過一座如紙單薄的鐵橋，只限機踏車和行人通過，腳下木棧板的間隙大過台北捷運，清楚看見因大雨奔流的黃濁河水。來到遠離鬧區的一家荒涼旅館，沒有旅客，老闆不在，管家婆婆不諳英文，於是紙條電話名字統統失效。這場戲在起頭就開了天窗，我再一次快速走過令人心驚的鐵橋，不留戀的往市區直直走去。

雨持續下著，在一個打烊的店鋪前放下背包，慢慢勾選旅館清單，調整呼吸，想要重回平順的旅程裡。

幸運的，第二家旅館豪氣的老闆娘直接丟出兩把鑰匙，一把六萬、一把八萬，我撿便宜的住，她也乾脆的四晚再折扣一萬給我。上樓右手邊第一間，合理的房價、一塵不染的浴室、雙人枕頭和毛毯、光線充足的陽台、花草扶疏的後花園，我以爲這是重新整理後美好的開始。

雨天的夜來得早，即便有夜市也人濕路滑幾番狼狽，我打算吃完晚餐早早回旅館休息，那串經典的老房就待明日陽光一起上場。旅館前這條街雖非觀光區，不過小吃店和雜貨店倒有幾家，進了其中一家點了suki。這日本名字到了東南亞的小吃店變成在地簡單的冬粉湯，清淡菜肉蛋非常習慣的口味，在泰國時也常吃。若沒人說話，寮國人做著日本名字的食物給台灣人吃，你能否說出我們身處何處？或是根本有個日本人正把suki送進嘴裡，然後台灣人和日本人都說他們在泰國的時候也常吃suki？接著一群剛進來的歐洲人又問，你們在吃什麼呢？suki，不解釋。粉絲咻咻咻滑進口中，肚子餓了就吃，人和食物都不安分，喜歡就留著不愛就離開，不正統反而是旅行的正統。白人看著英文菜單歪頭碎語，「這裡是龍坡邦，該點些什麼好呢？」

吃完晚餐，到雜貨店買了洗髮精和飲用水，旅行只帶了一塊肥皂洗全身，讓長長的頭髮毛躁糾結得像鋼刷，期待明天迎接一片清爽柔和的天空。我爲明天做足了準備，還留下一夜空白來過濾，想把旅行不停的重啓，讓他們感受到我的誠意，好換來一片晴空和心曠神怡。面對他們口中經典的城市我變得不自然，像第一次參加聯誼的高中男生不習慣和異性獨處又強裝幽默，這有些刻意。

隔天，窗簾篩過的黃光烘得我在燥熱中醒來。在旺陽中暑的無力感尚未恢復，眼中的色調飽和度明顯不足。推開窗看見天是晴了，還來不及高興就發覺蹊蹺，彷彿昨夜的雨絲都爬上身來，正一絲一絲刮搔發紅的四肢——我在發癢。我強迫自己相信不是跳蚤，我不想再次面對那樣的場合。是被毯的塵絮過敏吧？是昨晚suki味精太重的反應吧？即使我的身體從不如此敏感。

我推測，我依然不擅長面對完美城市，自己必須調節出等候線，保持距離才有足夠的空間發揮反應。這最深處的他方在開場就已然越界，你身爲經典不容妥協，我只好退後一步。你爲何經典？我爲何退讓？旅行是化學反應，原因不明。

給城市完整的第一天，必須在旅館的床上醒來才能開始算起，昨夜以前的零頭好像排在等候的隊伍中，還沒買到入場券，心惶惶的，都該被劃分在抵達前的顛簸途中。習慣用第一天來預覽城市，在大街上來回走過一回，不走進建築或景點，在心中畫個草圖、擬個目錄。像樂團合奏練習的第一次，將要演出的所有曲目走過一次，讓樂手大致掌握全貌的疏密節奏，日後再逐一細修。

旅遊書中描述的「龍坡邦」大約等同於西薩旺逢路，以寮國第一位國王爲名，因爲保存良好的法式殖民建築及寺院廟宇被列入世界文化遺產。多數遊客所及的龍坡邦，只有這條一公里多的老街，一天下午大略看過綽綽有餘。西式建築嗅得到東南亞風，山牆上寫著興建時的西元年代，佛寺古樸華美，不盛放的往日輝煌暗暗發光，著鮮橘色袈裟的僧侶自蒼勁佛像前走過歐風的優雅年代，東西時空揉合於此，一解寮國溫馴的身世，終究被標註了經典之名。

從西到東走過一回，從頂天烈日走進午後雷陣雨，天氣一如風景的不純粹。進了一家兼賣咖啡的烘焙坊躲雨，木構房舍橫梁壓得低，花草紋樣爬滿了天花和桌巾，法文菜單有小字英語翻譯，還好咖啡名字不難認，一杯混合奶香的咖啡歐蕾，就將一場及時雨在心中靜定下來。我攤在店裡的鄉村風木椅上，望著門前的大雨發楞，在旺陽中暑的元氣還沒恢復，手腳不知原因的過敏，經烈日一烤皮膚裡的小蟲又蠢蠢騷動了。

胃口不好，風景也嘗之平淡，我懊惱著該如何解釋他們口中最有魅力的城市怎都長了搔癢難耐的疹子。是不是下場雨把城市和我都洗過一次，明天再重新來過會好些。

沒勁時我習慣往河邊走，河流的水與海湖都不同，總是潺潺流過，輕輕洗刷著岸旁的土石與植物，彷彿也能洗去身上的無精打采的黏膩。

我看見南康河上有一渡船，負責把旅客接駁到對岸的餐廳，餐廳隱密林中不見所在，客人不多，船伕久久才搖槳來回一趟。這裡已是世界角落的龍坡邦，一條河又把對岸隔離得更遠離塵囂，一如心底深處無盡。我在岸上想像仙境的那端，此情此景也消磨了好些時光。一對白人夫妻上了船，我立刻又想，這餐廳應該不屬於我這窮遊之人，說不定那端才是世界的中心與頂端，此時河水又把我自對岸的神遊切割開來。

南康河在城的底端注入湄公河，湄公河水一如寬容的母親懷抱著龍坡邦。若說有何遺憾，就是忘了到對岸去把視野散開，盡只是把自己侷限在這小小的半島遺產上。

有人說龍坡邦的歷史建築已經沒有靈魂，只是讓觀光客拍照的模型，這麼說是太苛求，畢竟風景尚由心生，有沒有靈魂是因人而異。佛寺亦同，看門道或看熱鬧都好，能否走入化外之境，端看個人。

我曾試著想要早起看僧侶沿街托缽化緣，想像天光未亮的薄霧中一脈寧靜虔誠，這所有人必看的畫面，有如阿里山日出般經典不可錯過。但我終究是未曾目睹，只因我懶得早起，或許我根本在心底就不想看，多睡幾小時的美好就輕易戰勝了他們的經典。又有當地人說：「我們的僧侶不是讓遊客當馬戲團猴子餵食的。」或許文化觀察是旅行的一部分，但僧侶的確不該是拿來被體驗的道具，這界線本來就一直存在現實與傳統的辯證中，永不改變之處，絕對不因旅行而存在。

我在一處寺院後看見僧侶晾袈裟的小方亭，一位小僧侶正把亮橘色的袈裟拉成等身長的布橫披在繩上。亭子不大，趁大雨剛過把曬衣繩綁到五公尺外的椰子樹上，讓未乾的濕布多曬點日光，他看到我時靦腆一笑就躲在布幔後繼續工作。看風景不該到後院，但你的日常無疑比那些經典演出更值一見，是偶然才讓純眞的笑探出頭來。

曾經有位讀者的提問讓我至今印象深刻，她說：「爲什麼你的照片都沒有風景？」這一問我才被點醒，我喜歡看的是哪些。

兩天後紅疹子像開出小碎花來，不舒服，但不至於痛苦，爲了不被曬得更癢我改穿長褲長袖出門。已走過無數次的老街對我依然食之無味，在路旁的雜貨店買瓶水一坐就是半個小時，有次我看到小僧侶把清洗過後的分層便當盒送回來，並沿街繼續往下一戶送去，就放在門外的水泥桌上，老爺爺看到就順手收了回去，那應是早上居民供俸齋食用的飯盒，每天就這麼例行來往著。

這又是一齣不經意的幕後日常，像過敏藥膏擦在身上，不會立即見效，只是淡淡的滲入皮膚，發紅的疹子就在不知不覺中消退了。

我的龍坡邦又熱又癢，靜不下心讀不了歷史也看不見光，既然獨漏經典，就勢必反常。那我就釋懷了。

另一個國家就在河的對岸，我們之間隔著河，要過河不難，每天兩邊居民來來往往再平常不過了。面向對岸時水流方向垂直於我立足的腳掌，暗示橫陳的相異。不過，兩岸凹凸的平行又釋出了親密的包容，類似又不盡同的語言，兩本護照把相同臉孔的人分類，不同的貨幣卻又默認流通，種種特徵一路從這條河的上游牽扯到下游。沿岸千百個窗口勾出清晰的隱形網絡，每日渡船在邊界上來來回回無數次拉出的瞬時漣漪，不是勉強縫合，是伸手遞出與牽引的友好互動。國界在地圖上是一條線，但不同的是開展了寬厚度，承載了遙望之間視線投影的陷落。

b11 寮國到泰國 兩分

巴士從昨日傍晚的龍坡邦啓程，這是一台在韓國淘汰後賣到寮國的巴士，不知所云的，車內像夜店不停閃爍著七彩霓虹，寮文電子舞曲和強冷空調猛力放送，一路從龍坡邦嗨到所有人都裹住毛毯沉沉入睡爲止，不知道燈光和音樂是在何時切掉的。

醒來的時候巴士彷彿回到了原地，相同的空曠與夜色籠罩著郊區的無人車站，會曬巴士站到了會曬還沒到，東南亞的巴士站往往遠離市區好一段路，睡意恍惚中就和其他背包客上了雙條車又下了雙條車，天光就在這段迷濛車程間掀亮開來。

右轉後的巷子像滑水道緩緩鏟入河面，剛下過雨，河水黃濁天色灰霾，飽漲的水位撐起碼頭邊幾艘細長的水藍色扁舟，在還沒要上工的睡意裡碰碰撞撞。

「還早！」一對白人銀髮夫妻坐在長椅上開玩笑說海關還在睡，他們也在等候離境。

這個海關比八里渡船口還簡陋得多，沒有通道沒有停止線，移民官就像賣船票的小販，穿著制服坐在小亭子裡，倒是免稅商店意外的沒有缺席。

一路上跨國界的慎重儀式不停的被削弱，離台灣越遠氣氛越是輕便。寮泰邊界的「對岸」就是掏硬幣上船的日常生活，像刷悠遊卡進站而已。在台灣的「對岸」可是沉重的民族史，我逃到這裡一路上丟掉多少毛屑與行李，才換得這一身輕。彼岸居民表示：只是出國，你扯遠了。

船伕拄著長竿抵住船頭，我從護照上離開寮國以後急忙上船，他隨即拉動引擎轉舵迴身，船尾拉出左傾弧線。寮國到泰國，兩分鐘。

早在台灣就備妥了泰國簽證，過河上岸後迅速的蓋章入境，在坡道尾端的商家把剩下不多的寮幣全換成泰銖，大姐正苦笑著我連硬幣也要換時，後方有人追上來叫住我。「這是你的嗎？」是我把寮國簽證紙掉在路上了，道謝後收好，雖然是一張只能用來紀念的紙，也是挖苦自己怎可以如此喜新厭舊啊。

這裡是清孔，是背包客旅程中的短暫過境城市，與湄公河平行的道路向南通往一公里外的市區，那兒就有車到清萊。

沿路幾家民宿兼營的餐廳已經開門營業，屋簷下早起的旅客在吃著西式早餐，我則轉進了一家麵攤，要了一碗麵。我說的 noodle soup 女老闆應該聽了不少，但她說的 sa wad dee ka 我則是久違了，感動和著熱湯吃下肚。來泰國這是第七次，最近一次也已是一年前，再聽到泰語立馬化解了我旅途上長久的陌生未知，好像在泰國就有親朋好友帶著鹹酥雞在迎接我，自然不屑寂寞的示好。吃飽上路我神采奕奕面帶微笑，彷彿旅行又重新開機。

進台北城過橋不塞車的話也是兩分鐘，從國道北上切過盆地邊緣後再跨過淡水河才是台北市。至今，淡水河的兩岸還是存在被忽視的不同，上班進城下班出城的渡河生活，終日來來回回不曾停下思考好像忘了差異。只有越過堤防才能感受高牆內河水的粼光，河的阻斷大於橋的連結，甚至是價值觀與情緒的隔離。

河作爲一條邊界隔開了兩邊，「兩」這個字距離再小，入門時也還得隔著一堵牆。

寮泰之間，河的寬度把差異切割得更明白之後，多了一分提醒自己的理性。當我身處河中央來回望向兩岸，此刻是一個專爲第三者設計的貴賓席，這兩分鐘，不帶著地理的性格，抽掉資訊的眞空，純度至高，更不須向你導覽。

無關他處異境的旅行，如離水的船，失重的橋，專屬於我，旅行中的我。

旅行中我不停的扯遠，起飛又落地。

b12 記住無聊的街景

就在離開清萊之前，是拉上背包、已經踏出旅館準備到車站去的那個「離開之前」，最後幾分鐘走在街道上，瞬間覺得我該拍下幾張街景，以免就這麼輕易的忘記了這裡，無聊的這裡，然後日後無跡可尋。

我站立在街道分隔線中央攝下幾張不帶感情的紀錄相片，兩側建築物的透視消點處有部機車，天氣是不意外的悶熱。走到市區裡的車站不過是兩三分鐘的事，接著就前往下個城市。這麼做用意是提醒自己這裡是清萊，我來過這裡，三天兩夜，你無聊我記住你，句點。好刻意又蠻橫的行徑，無理也無厘頭。

清萊是進入泰國後第一站停留之處，也算是久違的城市，所謂人車密集、生活便利的都市。當公車從寬鬆的郊區駛進蓋滿建築物的街廓，我有點下意識的擔憂起來，是本能反應，大概是先前寮國低密度觸感的不適應。我說人多車多，也是相對於寮國，若比起曼谷或是台灣，這裡大約只是一個鎮的規模而已。一個我沒有剩餘想像的城市，僅此路過而已。

除了第二天參觀著名的白廟，就沒有稱得上行程的計畫了。不是清萊無聊，是在找出清萊有趣之處以前，是我自己先放棄有聊了。簡陋便宜的旅館有個小小陽台，往後看出去是幾家倒閉的餐廳和夜店，一晚一百五十銖，在市區角落裡的無名靜瑟。兩三家咖啡店網路算快環境舒適，車站旁的夜市小巧可愛，離觀光世俗的諂媚交易還差得遠，吃飽喝足散散步，近四十八小時的日子，這分無聊也是靜好適切。

回台幾個月後我寫下這篇遊記，當初因無聊拍下的幾張中性街景，如今我卻反常的印象深刻，幾張影像在腦子的目錄裡特別顯眼，一下就被抽了出來。憑什麼？是記得當下「因無聊而想拍下街道」這事件，還是「無聊街道」溶進了腦子裡不得而知，但就是特別懷念這幾幕沒有灰塵和配樂的畫面，清萊的街道就這麼輕巧又扎實的，像浮貼一般黏牢在八十八天裡。

下筆這篇遊記的今天是第八十五屆奧斯卡頒獎典禮，我收看了實況轉播。在梅莉史翠普公布影帝得主之前是幾則入圍者作品短片，都只有幾秒而已，但就因爲只有幾秒就附贈了放大鏡微觀，好像演員的眞摯情感此刻都異常細膩，別說眼神，彷彿連毛孔都非常有戲，看得特別清楚。而當我們看整部電影時反而沒有如此深刻的感染，一樣的演員、一樣的片段，時間拉長了注意力就被平均分散了。又像大賣場工讀生遞過來一小塊試吃的蛋糕，當下嘗起是幸福美味，買了一整條回家吃就覺得膩口了。當受測的標的越小越簡單，也許感受就能越多越密集。

我曾搜尋起台北車站在地下化以前是什麼模樣，谷歌說是一九八九年完工啓用，那十歲以前的記憶現在是一丁點畫面都沒有了，但我確實記得我到過母親口中所謂的後站，應是現在的華陰街一帶。我記得我們搭火車北上拜訪一個遠親姑姑，下雨的夜裡媽媽爲我買了一把深藍色的小雨傘，專屬於我自己的小朋友雨傘，拇指一按就可以自動彈開那種。從街屋騎樓旁爬上姑姑家長長的樓梯前，我把雨傘抖乾收束起來。這無關緊要的片段我記得好清楚，但巨大的台北車站卻一點印象也沒有。這段生命裡的幾分鐘就這麼保存下來，幾十年後都還留著，不可思議。

我還是不懂如何解釋這微妙的感受最貼切，也無意討論旅行到底是當下重要還是帶回來的記憶重要，抑或只是我對無聊的自圓其說而已。總之這幾天、這幾張照片，從清萊帶回台灣以後是一道讓我回味的誠懇料理，是微甜的無聊，不過分好吃，但想再吃一次。

關於歷史，若有興趣，大概是「泰北孤軍」、「國共內戰」、「異域」這幾個關鍵詞（請搜尋），所以這山上的城還說中文、說雲南話，美斯樂與台灣很有淵源，我甚至還在超商前看見來自台灣郵局的小白鴿紙箱倍感親切。來此不全是被這些傳奇色彩吸引，是想離開清萊市區重回山上。泰北對我來說一直是個朦朦朧朧的地名，被雲霧瀰漫的偏荒境地。來美斯樂，只是擇其一，並不是非來不可，萬一可以說說中文，也會是特別的異地經驗。

在巴山轉搭雙條入山，收滿八人才開車。遊客極少，等了一個多小時，在司機的遊說下，我和一個韓國人、一對荷蘭情侶共四人決定一人付兩人車費，坐上烏賊雙條爬進越來越細的山路。途中的美麗山景無法安穩留下，車尾的白煙和午後雷雨可不浪漫，四個人緊抓扶桿左閃右躲，說不定滿植茶園的山坡背後就是大毒梟的罌粟田，自導自演起當年追捕逃難的歷史片，也提早預習了山中多雨的陰晴善變和地勢的任性起伏。

b13 澆下相同連綿憂愁的細雨

一下車就是新生旅館，不去找，也就在眼前。這已成地標的旅館年紀比我還老，我毫不考慮就往裡走，走到屋後山坡的小庭園，獨立小屋一晚兩百，拿了房間鑰匙要了密碼，留了扇窗，看不見山，連得上網，我把自己鎖進了這遙遠山中的一隅。安安靜靜，無人打擾。

自打開房門起，我就深深陷進房裡。乾淨平整的藍色床鋪，一張單人、一張雙人，中間夾著一張梳妝台，插進一把塑膠椅，上頭掛著一幅歪斜的風景，垂著大紅中國結吊飾。床前的電視播送千里外的中文節目，屋後浴室的瓷磚是泰北地區常見的花色。這房簡單無奇，裝修粗糙，我卻感到無比安穩，一股腦把旅途上所有的顛簸奔波都深埋進床裡，是停止了、歇息了。門外呢，是只容一桌一椅的陽台，不見景色，就是六七幢小屋圍出的三角中庭。指向天的黑瓦斜頂，寶藍色水泥矮欄杆和階梯，紅窗框，綠窗簾，白牆壁，全都只是油漆一抹就萬物綺麗的廉價美學。這廉價簡陋不是嫌棄，是自在的稱許。

這小房子是乾爽柔軟的洞穴，彷彿久睡貼服軀體的床褥，每一支彈簧纖維都熟識我的曲線邊界。門外不見街道人行，視線所及方寸之間，底端離心的角落，與俗世間隔了舒適的眞空，只剩自己和日夜不停下進中庭的雨。

吃飯到餐廳，看風景就選一條山路走，一日僅此。老闆賀大哥在台灣工作過很長時間，常抱著電腦透過網路關心台灣新聞，評論起台灣時事政治，比起我這懶散他方的旅者，彷彿他才是在地台灣人。

美斯樂的豐富故事固然可敬動人，但我沒有打算向前積極擁抱，只是住下來，收聽耳邊的聲音，細看走過的途徑。每日的生活無異，吃睡上網閱讀書寫都在房裡，入夜前至超商買足殺時間的零嘴飲料。唯一不同的是每日傍晚前擇一岔路走入更深山中，昨日向西，今日向東；前天城寨，後天山崖；路過市場學校，偶見佛塔廟堂。一天短短三個小時不到，即使雨還是下著，就如例行運動，時間到了就出門。打著亮黃雨傘，穿著人字拖鞋，帶著數位相機，擱下背包一身輕便，就走進陌生的山路，自有風景。

睡醒後、日落時，賀大哥總在用餐時看我來餐廳報到，「睡飽吃，吃飽睡，好悠哉啊！」他說。是啊，理直氣壯，在臉書上說我就是來泰國睡覺的，這些不被干擾的覺在台北還眞睡不來。

旅館通廊的暗處貼著一張世界地圖，上頭依訪客國別插上了各色大頭針，小小台灣早就被完全占滿，像長出一朵七彩繡球花。上一代的淵源於此連結，對彼此都陌生好奇，想踏上你我的土地看一眼各自想像的國界和海洋。如今只是平靜的山城與喧囂的盆地，澆下相同連綿憂愁的細雨，混濁了身世色彩，若不在乎了，忘了，習慣了，日子就也過得溫飽安好。

「雨從昨天傍晚就持續下著，現在還是。方才到旅館餐廳吃了午餐，又回到房間，看中文衛星電視，現在播《賭俠一九九九》，說實在，就算沒下雨我也是中午才會出房門。下雨反而讓我的懶散除罪化。濕透的山上是另一個季節，坐在騎樓下的半室外餐廳吃飯，短褲襯衫略嫌單薄，我又加點了一杯熱阿華田。昨天下午我不是才在來時沒有空調的公車上飆汗如雨嗎？那給汗濕透的襯衫，現在也是濕的，不過是洗過後水氣未乾的濕。許多事都有相同的結果，但卻有不同的來由。」——第四十天，泰國美斯樂。

如此偏遠的山城竟有連鎖超商，出人意料，竟也莫名安了心。美斯樂唯一一家超商正如其名，只從七點營業至十一點。我在每日晚餐後報到，海苔、洋芋片、可樂等滿滿一袋，寧可多買也不能不夠，要是過了十一點肚子鬧空城，村子已沉沉睡去，只能含怨入眠。這些不僅僅因食慾塞進肚裡，透過口腔肌肉收縮和牙齒咀嚼與零食談天，像朋友作伴、像兒時睡前的枕邊故事，陪我過夜。這些東西我在台灣都不吃，反而是用來在異地旅行時刻意營造一種異於平常的氣氛，出遊時在旅館蠶食超商買來的洋芋片和可樂已成爲一種儀式。就像搭遊覽車校外郊遊的小學生，吃不了那麼多還是硬把背包塞滿餅乾飲料，這是平常不能做的事，一種快樂的象徵。

每每提著一大袋垃圾食物走過村民面前我就心虛，他們的純樸面容與超商的紅綠Logo是兩個世界，雖然我遠道而來，但還是選邊站回全球化那一側。有回到超商途中，一名年輕人迎向前對我說，「老師，我肚子餓了，我不能回家沒有錢吃飯，給我二十好嗎？」他的眼珠無法聚焦不能正視我，一邊說著整個人身體伏在地面磕頭求我。聽到有人用中文喚我老師，這突如其來我有些震懾恍神。雖然我走進超商他就不再跟來，但在超商的錙銖消費都在我心裡辯證著。這二十銖該怎麼用，能給我什麼？給他什麼？一瓶可樂之於男子，竟是旅行世界裡的蝴蝶效應。

有次我尾隨一位到市場買完菜的阿卡族婦女，背後竹簍幾乎把她嬌小的身軀完全遮住，我謀算跟著她就能走到阿卡村落去。其實昨日我已探過路，走了一段才發現對山那小叢紅屋頂村落，比我想像的遙遠，轉了幾處山彎天色就已暗了下來。我跟在老嫗身後，她步伐穩定不特別搶快，但我一分心看起風景沒注意，她便與我拉開距離，背影只剩微弱黑點。待我再次搜尋，她已隱沒於山路的消點中，彷彿此時那人那村瞬間皆已跳躍至山的那頭。我憑直覺持續向前，山路位高看得遠，村子還在視線裡，就這麼暗中鎖定方向走著。沿路兩岸竹林漸掩，路面皆是濕潤蔓草與乾枯的落葉，窄徑只在腳步踏行處露出泥土，上個村落已遠遠拋在後頭。一處人爲竹柵橫擋路前，暗示前方不得通行，我不予理會，跨過竹竿繼續走。蜿蜒小徑遠端伸出一株細弱的喬木，彷彿指引我繼續向前。無奈過彎後竟是盡頭，一處偌大的空地立著幾堵未完成磚牆，現場不見痕跡，是蓋了一半還是拆了一半？未完成是往前或往後？方向已跟著那名老婦消失無影。我只能折返，再次越過竹柵，回望那棵喬木，村落在右前方山麓蒼白的靄霧中浮著。黑暗又攀上山，雨水將草徑山壁刷得土黃，跟丟了老婦，所幸歸途並未遺失。日後回想這段山中事總瀰漫著灰涼恍惚之感。

我知道美斯樂有華校還教中文，但不知學校藏在哪條山路上。無意中循著蔣家寨路牌走進一華人山村，隨著一群體嘈雜疊起的聲線走去，華興小學就現身在山坡下。

一塊水泥立牌刻著校名，沒有明確校門，一道下坡就滑進L型的校舍前埕，幾家簡陋竹棚搭起賣零嘴的小攤正等著孩子放學光顧。校舍簡樸堪用，一個年級一間教室，高年級教室裡正用國語大聲朗誦課文。一串鐘聲放起字正腔圓的中文歌，是下課時間，學生奔跑至廣場上追趕玩耍，即使下著小雨還是把握僅有的時間享受自由，沒有溜滑梯盪鞦韆，就是來回跳過旗桿前兩個同學拉起的細繩。女孩平眉齊耳的西瓜皮短髮，男孩一顆光頭頂著一塊黑色菜瓜布，在淋濕的水泥地上打赤腳飛跳也不怕滑倒。

一旁牆壁上寫著誰捐贈經費建了新校舍，而孩子知道他們為了什麼理由在泰國還學著中文嗎？上一代的事，下一代要承接多少部分？我想起中學地理課背誦過黃河流經的九省，我去過幾個？零，一個都沒有。我拿著相機遠遠拍著沒有走近，相機的記憶卡滿了，我將一些已存進電腦的相片刪去，在上課鐘響前離開了學校。

翌日，我往另一聚落去，又在偶然中遇見另一所華校，是比小學稍具規模的中學，穿過牌樓後是兩排垂直的二樓校舍，和小學相同的藍白配色，在陰雨中特別顯得乾淨明亮。今天是週六學生卻沒有放假，剛好遇上放學，學生們與我反方向交錯出了學校。

我在走廊看見學生手工製作的布告欄，分成過去、現在與未來三部分，過去是孤軍歷屆領導人照片，現在是學校活動剪影，未來則是我的志願。學生找來各種職人的圖片貼上自己大頭，模擬了未來夢想中的自己，護士、空姐、老師、軍人還有歌手。

比起過去，未來製作得特別認真，版面顏色特別鮮豔活潑。希望老師能讓學生們都了解，未來與現在於時間軸上其實是同一件事。

昨晚倫敦奧運開幕，中華台北隊的T字母序第一八〇個國家進場，我用力撐住了眼皮還是沒等到。因熬夜多留了一天，不知是否有緣見到明日放晴的美斯樂？

美斯樂這五天來細雨持續涼涼靜靜的下，偶爾短暫歇息也還是水霧灰濛整座山頭，山谷馬路和遠方的茶園吸附了濕氣讓風景越顯厚重沉默。吃完早餐後連同這五天的三餐吃住一併結帳，坐在屋簷下看《世界日報》頭版上倫敦奧運的開幕消息，一邊注意遲到的巴士來了沒。

「八點半車子應該來了才對啊！司機都會先來我這簽到的！」新生旅館的賀大哥要我別擔心會錯過下山的車。山上對外的大眾交通是卡車改裝的吹風小巴士，乘客相覷坐成兩排，當地人泰文發音稱爲雙條，不同區域則有不同的塗裝顏色識別。

半小時後開往芳城的車來了，我跟著簽到完的司機阿姨上車，我的大紅背包與嫩黃車身在陰雨中的山路格外醒目，我們像個草莓香蕉要滾下山，安全沒有問題，但接續幾趟不確定的巴士轉乘才令人憂慮與不安，我的下一站需要費上一整天車程，是預計在天黑前才能抵達的拜縣。

若沒有打開地圖，原本我的計畫將會是從美斯樂回到清萊，再至清邁搭車去拜縣。但這將多走一大段回頭路，於是上網搜尋更便捷的路線，世界之大旅客之多我不會是第一個，什麼路線都會有人走過才是，果然順利找到一條留言清楚載明美斯樂到拜縣的轉車流程。美斯樂出發、芳城、塔通、馬馬瀨，最後到拜縣，雙條、當地公車和小巴，一共要換三次車不是問題，最令人擔心的是馬馬瀨，得在一條公路上中途下車，右轉進市場前另一個沒有站牌的搭車處，攔下清邁開往拜縣的小巴。

若語言無法溝通，下車可能錯過，哪裡攔車、攔什麼車也是未知，可能找不到站、等不到車、坐錯車，雙條要集滿旅客才開車嗎？若只有自己要花更多車錢嗎？會把我載到別的地方嗎？（拜託這裡又不是印度）所有不確定性的層層疊疊加總以後，內心形成勾扯不清的混沌謎團小劇場，並且全部猜測結果都倒向錯誤的一方，讓所有被害妄想症一次迸發，「你以爲那樣」會像滾雪球瞬間膨脹百倍，於是這個恐懼假象擊敗當下的決定，讓旅行者放棄（算了，不去了），或改採用另一個保守的做法（還是到清邁再說吧？）。尤其當一個人沒有旅伴對話討論時，自己常會掉進思緒的死胡同裡，這毛病我常犯。

旅行又不是使用自動提款機，只能點選表列的下一步，不依步驟來就取不到鈔票。我試著理性清醒，簡述接下來的行程：「從美斯樂到拜縣，三次轉車，不懂問人，僅此而已。」出發後問題自然會解決，所有的擔憂絕對容許被忽略，事實結果只會有一種，絕對比排列組合千思萬緒後胡扯出來的「你以爲那樣」乾脆利索。

從新生旅館出發，蜿蜒下山到芳城後無縫轉搭另一部到塔通的雙條，塔通車站裡一部車窗漆著清邁字樣的公車，在我上完廁所後就立即發車了。一上車我就告知小哥車掌我要在馬馬瀨下車，途中不厭其煩的確認他沒忘記。中午巴士經過馬馬瀨，我順利下了車，到對街的超商詢問哪裡可以搭車到拜縣，熱心店員二話不說披上外套，騎機車送我到兩百公尺外的候車點，我由衷感謝，泰國人果然和天氣一樣爽快熱情。

大樹下、小橋上沒有站牌應是約定俗成，與一對父女邊等邊玩足足過了兩個小時，英文清楚標示Pai的小巴才開過來，我招手上車，一五〇銖車資，坐滿白人的車往拜縣一定不會錯。中途固定停了休息小站，傍晚六點順利抵達背包客傳說中的拜縣。

就這樣，沒有誰以爲的哪樣又怎樣。

這段九個小時的旅行，除了小巴在美景如畫的山裡迂迴繞圈頭暈了點，其餘的確是比我想像的簡單太多，彷彿上車下車已經有人安排妥當，友善司機、親切車掌、熱心店員都適時的在旅程中現身。司機指引我方向，乘客向我道再見，微笑順風一路尾隨，我想像裡的擔憂未曾出現。

我想交通本來就因人而存在，沒必要與乘客逆向作對增加麻煩。懊悔自己上路前的勞心傷神是白費了力氣，也不懂自己爲何要陷自己於不利。就算有問題，也留給路上的自己解決即可，我不是神何能預測未來的凶險災厄呢？

九個小時內的三次轉車似乎也是一場旅行的縮影，克服最大靜摩擦力後就一路暢通，訂機票永遠是出發最困難的一項工程。

無意勵志，只求上道，若有誠意用旅行來領略世界的美好，就別再問：「萬一他們沒出現呢？」

寂寞的書上說派是長途旅行者的休息站。旅行了一個多月，這的確是句很吸引人的推銷術話，於是我從原本前往清邁的途中下車，跳上小巴轉進蜿蜒山路。搞不清是縣是鎮還是城，Pai在書上翻譯成拜縣，後來得知其原泰文發音爲bai，只是英文翻譯時發了P的音。正當我爲不準確的英文翻譯地名感到困擾時，想到台北不也譯成「胎配」了嗎，於是就明白也釋懷了。但我還是想把Pai翻譯成「派」，這麼一個輕鬆快樂的字。

從馬瀨到派，一百多公里路足足開了三個小時，一路盡是迂迴曲折，還好是馬力強的小巴所擅長的路況，沿途風景綺麗，在森林環抱的道路裡滑行還算享受，三小時比想像的短，若在台灣絕對是無止境的漫長。我總是在移動間更能體會到大陸國家才擁有的遼闊情懷，心境對時間感受的密度也隨之鬆散。

中途暫停一安全檢查哨，一名荷槍軍人上車，形式化的將目光掃過乘客頭頂上方的空氣，連護照都沒看，就用愉快的聲調向我們道別：「明天見！」也許大多遊客來派只過一夜就離開了吧。但據我所聽說的派並非如此，他們說那是個極度黏人的所在。

當看見公路旁出現許多訴求浪漫情懷的咖啡店——粉色調、鞦韆、可愛風或與談情說愛有關的巨型文字立牌，那麼離派就不遠了。這都拜一部賣座的泰國愛情電影所賜，讓這成爲了甜蜜愛侶的朝聖地。

小巴終在傍晚開進了派市區，之前讓大量的蓊鬱山林洗了眼睛，一下子對密集的人造物有些不適，雖然這充其量也只有小鎮的規模，但仍從心底默默的產生了絲毫排斥感。不寬的大街上常有老外騎機車雙載呼嘯而過，我腦中立即躍出那被酒客盤據滿街的畫面，拷山路或旺陽都是如此，我在心裡開始勾勒出城鎮的假想，這初次見面的分數勉強只在及格邊緣。

下車按圖索驥左拐到河邊。剛下過雨，濁黃的派河橫躺在眼前，上頭掛著幾座簡陋的木橋連接對岸民宿，稍遠的背景襯著青山，一家民宿就這麼依山傍水，離河流不到三公尺。幾幢茅草高架木屋沿河自成一區，繞了繞終於在其中一座作爲公共區域的茅草屋找到老闆，我隨他背後踏上三階石梯加六階木梯，「雙人風扇房、熱水衛浴、有網路、一晚兩百銖」，老闆說明房間配備與價格，我一邊聽但看到的是門前寬敞的木板平台和長凳，若把門窗推開，山河景色就在原本床前液晶電視的距離。四坪不到的房間滿室的竹木香氣，其實有些歪斜簡陋得可以，但他還沒說完我早已決定要住下來。

兩百在台北能買到什麼？一趟計程車或兩杯咖啡？甚至連一場電影都看不到，但在派可以買到讓山水包圍一間小屋的二十四小時，旅行讓相同價值立判高下。我深信遇到一家好旅店是愛上這裡的開始。派的旅館老闆通常不問旅客要住幾天，就把鑰匙丟給你，沒結帳也不怕你跑掉，因爲他們總有把握你會一天延過一天，在最後一晚才不捨的向他提起「離開」這傷心的台詞。

派，派對，直覺聯想到電影《美國派》，西方人到東南亞走過的香蕉煎餅路線、一成不變的狂歡模式，以爲我又將匆匆走過酒氣喧囂的大街，將不屬於我的迷幻置身事外。

到街上路邊攤吃過簡單的晚餐，番茄雞湯媽媽麵、煎蛋，順手買了兩包削好的水果，最後到超商帶了一瓶豆奶。回到沒有電視、網路訊號微弱的昏暗房間，沒事沒事，簡單生活，一日的最後就是以整夜好眠收尾，沒有明日沒有計畫沒有鬧鐘沒有起床時間。此時我才明瞭 Blue Monday 是萬惡淵藪，巨大到足以成爲旅行出走的原因。

床前耳邊持續著溫潤綿密的流水聲，涼風穿過竹編牆的縫隙吹進來經過我又溜走。門窗牆頂這類人造物是用來把人關住的，而風水聲光應是不受限的到處流瀉，於此自然早已化爲宜人的枕邊伴侶，即使在房裡也已是浸泡在山裡風中。

來到這山谷裡的小鎮別無所求，我期待一場無所事事的盛宴。

我只在這個城想像下個城，如果不讓進度落後太多，在這條穿越東南亞大陸的線以外，岔路是允許的。所謂岔路，就是不順路。當下心意已決後，原本隨興走進的岔路已如專程遠道而來。這多走的里程累積成可觀的猜想，與被遮去的風景加乘，有如賭上一把中了大獎，興高采烈的歡呼，我好幸運。

遊記是回來才寫的，每每下筆前翻看照片抽取束光片景當薪柴，將隔夜飯加熱燒成一鍋熱騰騰的湯粥，勉強充當彼時的美味，如生手依著食譜做菜，不夠道地也十足誠意，就稀哩呼嚕喝下肚解愁，解他鄉的愁。但尤其是派，我旅途上流連最久的地方，我怎麼模仿也學不來，於是特別想念。

早晨自然醒來，東邊的日光篩過竹編牆散灑在粗糙的木地上，派河也已從昨夜流過換日線。開門讓房裡飽滿亮起，潮濕溫熱的氣息也一併迎進屋內，先至屋後被芭蕉樹圍遮的浴室梳洗，洗澡也洗衣，聽見水就這麼從底下呼嚕呼嚕流入河中。擰乾衣服，到門前平台，把一件踢恤和四角褲攤開披晾在長凳椅背上。道早安，隔壁的西班牙人在陽台上彈吉他，黃貓無時不慵懶一早就趴在階梯上睡。帶著筆電、小說、筆記本和昨晚買的調味牛奶，走過熱帶森林般的小徑，到客廳去。

客廳是個架高涼亭，茅草斜頂，四面通風，前方臨河，右前角有顆巨型仙人掌比人還高。兩組四人木桌，高出一階的木地板上有三張軟墊，矮桌、電風扇、吊床、泰式三角靠枕，所有的木工都粗獷而直接，沒有細節也沒有魔鬼。通常除了我，還有另個亞洲人，他愛脫鞋盤腿坐在木地板上，我則喜歡坐在面河的座位。打開電腦插上電源，再到廚房自助泡杯茶或咖啡，我們倆各自鑽進網路書本裡，未曾打破細聽山水的寧靜。

河面偶有人躺在泳圈上漂過，還用繩子綁著一包零食，小河取代秒針的滴答聲持續汩汩流著。午後有一場雷陣雨，自顧自的下，自顧自的收，我們就挪個位置還是看書上網。

我用網路電話告訴在台灣的J一個密技——在短褲裡什麼都不穿，脫去束縛會令人感到格外放鬆。

太陽下山後，書裡散完步就走到鎮上，淡季的夜市若有似無，吃完飯不坐咖啡店酒吧，就回家看線上奧運轉播。這兒，我每日唯一的煩憂是趕在午休前到巷口的麵攤吃麵。

幾個上午下午就這麼過去，十幾天就這麼過去，這日子過得徹底乾淨鬆弛，發條全泡壞了，鎖不上。

「有沒有每個地攤老闆都是藝術家會彈吉他的八卦？」

他們想自由所以旅行，他們想更自由所以不回家，他們不回家於是變成了藝術家，自由成性的藝術家想家所以彈吉他，但還是不回家。說不出bye，許多旅人就這麼留在派了，打工創作開小店擺地攤，作品和人一樣無拘無束，店何時開、攤子幾點擺沒人知道。

有家在岔路口的小店，店內牆上標示了泰文、韓文、中文，我只能看出中文字寫的「慢活」。每天傍晚時分店內成爲韓國人的集會所，於是我也被當成韓國人了，直到開口澄清。老闆不意外是一頭個性長髮棕黃膚色看不出國籍的設計師，待人親和客氣，店內擺設細膩有感，作品陶木銅鐵棉麻盡是自然材質，工作桌也當作櫥窗展示。

我向他買了一支手工錫製小湯匙，老闆說握柄是用派河撿來的漂流木刻成的，沒有精雕細琢，只是俐落質樸的隨性切削，一百銖一支。我要帶回台北當成鑰匙圈，在鎖住房間後，攀上浮木往門外遠漂。

客廳的書櫃上只有一本中文書，書名是《夢影錄》，有人留了中文字在蝴蝶頁上，「情不知所起，一往情深！2010.12.26 阿賢，留情於此！」能在派度過聖誕節不容易，那可是最大旺季，得老早就訂房，買最貴的機票飛到清邁，再與一堆老外和本地人擠進這代表愛的浪漫的小鎮，我可以想像聖誕夜裡會有多瘋狂。

阿賢你是自己來的？帶女朋友來的？還是昨晚剛認識了女朋友？昨夜歡愉已逝，似夢幻影猶存，留情不留人，就留了一本書深情致意日後的缺席。不知阿賢為誰而留？總之是捨不得走，多情，就讓派接收了。

當我在派虛擲光陰之時，友人F也正在路上，他正走到巴基斯坦，旅途困難驚險，景色遼遠壯闊，所見所聞比起我他媽留情不留情的小情小愛，是旅行家等級，我為自己的揮霍安逸羞愧。但旅行有什麼好比較的呢？只要是心所屬之地，皆是留情處。派河像父親的手搭在肩上要我放心，暫時赦免我探索世界的責任，停止是這裡唯一能做的事。

賣炸雞翅的老闆娘自問自答替我解了惑，她說：「你知道為什麼人們喜歡派嗎？因為這裡無事可做。」

回到台北，相同的早上，我在早餐店違規擺在騎樓上的位置吃早餐。派河換成了八線道大馬路，羅斯福路六段比派河還寬，往對岸可以看得更遠，機車計程車公車一樣不停的流過，也是幾天就這麼過去了，幾個月、幾年就這麼過去了。

倘若泰國旅館冷氣房比風扇房貴一百銖，那麼把羅斯福路換成派河要多少錢？把機車騎士換成在河上漂流的人要多少錢？把理財房仲保險直銷業務員換成隨遇而安的嬉皮藝術家要多少錢？談錢傷情，當時我揮霍掉的無所事事，果眞價値不菲。

二十四小時一日、七日一周、三十日一月，像一張張四乘六照片散亂在床上，是用模具等分切下的片刻。唯獨派，那段日子彷彿沒有歸期切斷的麵團，軟綿蓬鬆，非以日復一日爲單位的線性計算，而是環形運轉的球體時光。

b18 這個連租機車去晃晃都讓我嫌麻煩的城我會想念你的

在派，有一間咖啡店，我從沒看它開過。寬闊平整的斜屋頂把室內包覆在一股陰涼靜默的黑暗裡，一壺粉色咖啡正傾注杯裡的瞬間被凝結成精巧的立體招牌，老舊的木製門扇一葉一葉立得安穩靜定，咖啡在這家店裡一定沒有半點勉強被溫柔善待著，豆子裝在泛著光澤的骨董木盒裡，咖啡應是用手工捏製的樸拙陶杯盛裝。我不懂咖啡，每回的咖啡錢都當作在咖啡店買個座位的租金，喝心情比喝咖啡多，咖啡是讓自己坐下來的合理解釋吧。

在一個停電的早上，民宿電扇網路都失靈，走上街終於遇上它開了。原來不是耍個性想開才開，門邊一角寫著只在天黑前營業，若非民宿停電，我只有晚上才會走到這來。這像要拍到齋浦爾風之宮殿清朗的正立面就得趕在正午之前，貪睡的人就只看得到背光黑臉。

低頭走入簷下陰影選了最側邊的位置坐定，這排桌椅像四人對向的火車座位與大街平行，又像坐在台灣屋簷切得較矮的騎樓裡，往後爬上幾階木梯是屋脊正下方的大空間，賣咖啡也兼作小藝廊。木造房舍在泰國很常見，出色的風格咖啡店也不少，但想進到與自己完全契合的店喝杯咖啡還是運氣，尤其不是從人云亦云中找來的偶然。

「請問有提供無線網路嗎？」我一邊翻開電腦問。

「有，可是現在停電。」原來這裡也因爲施工停電中。

「一杯熱拿鐵，謝謝。」不懂咖啡的人點熱拿鐵總不會錯。

「因爲停電，我現在只能用摩卡壺幫你沖派的黑咖啡，好嗎？」派的黑咖啡，當然好。

桌子像兩個鎖住的木抽屜，中間挖開的方孔放了小汽車和袖珍本泰文漫畫書，刮花的玻璃隔離開被汙染的成人世界，是誰小時候的珍藏吧。咖啡上桌，同時來了一對泰國情侶，他們並坐面向街道，呆望對街還沒營業的店鋪鐵門，男女都戴著太陽眼鏡，穿著風能吹進胸口的輕飄襯衫和洋裝。一樣只能喝黑咖啡，我不懂泰文，但聽得出來兩位不太開心，坐沒多久就走了，彷彿來錯了時間正在鬧脾氣，興致也一起停電。派的黑咖啡，是這個味道。

沒有網路，就拿起筆寫字。動筆前先確認今日是何日，八月五日星期天，已經過了旅程的一半又六天，第五十日。若R八月九日就要到清邁與我會合，那麼我就得在八月八日離開派。這訊息早就預備卻驚如空降，我還剩明天、後天。歸期只是刻意忽略，終究是被傷心提起了。就像大考國文裡的作文題目，翻開試卷揭曉的當下還是不免在心底「蛤!?～」的一聲，聊表懦弱抗議附贈淡淡的哀愁。

鬆散如麵團般的日子至此刻爲止，我開始想剩下的兩天該做什麼，對比起藐視日曆的虛度河畔生活，行程和計畫都是壓力。我說旅行也要週休二日，派是在三個月的途中休了長假，像當初離開北印到達蘭薩拉去，遲遲不想下山離開那清淨之地。

現在我和老闆娘都醒了，一起抬頭看向擺滿大象油畫作品的天花板，垂掛在木結構下的吊扇伸展筋骨般的嘎吱轉動，咖啡店的電力恢復了。

「你還要熱拿鐵嗎？現在可以做了喲！」老闆娘笑著說。

「不用了，我想吃甜點。」點了老闆娘推薦的招牌香蕉比諾非派，慶祝又收集到了一個「十一天城市」，歡送自己又將上路。

「稍遠就能看見的佛寺，天暗後只是夜市的微微背景，對面的藍色背包客棧還顯眼些。在一家炸肉串攤子轉進巷子，經過一家波西米亞風的破爛庭院酒吧，隔壁接連兩家中價位的別墅旅館，每間小屋都裝了空調，露台在傍晚點亮的昏黃燈光好似承諾了一離開派就會立即崩壞的甜美悠然。不過河左轉，沿著河走八十公尺，經過在泳池旁烤肉戲水的家庭、仙人掌、芭蕉樹、竹圍籬、灌木叢，改裝倒掛漏斗的燈泡下，就是我的房門。」

超過一個禮拜的停留勉強才算居住，每天回同一個屋子，開始模仿點家的歸屬。重複閱讀汲取街坊的畫面，沿途埋伏的留戀像藤蔓攀上了手腳，那些都已不再新鮮刺激，是在此日日豢養的一株含苞植物，即便開花在即也必須離去，來不及摘下，但你知道它將在從前那條每日必經的路上盛放。

我永遠爲了斤斤計較機車得加多少油而煩惱，直至離開前一天下午我才租了機車到處去看看，租期二十四小時，打算還車時順便載上登山包上清邁的車。溫泉、中國村、二戰鐵橋、居高臨下看見整個山谷的寺廟，我像個點完名就蹺課的大學生，初次見面也一併告別。

這個連租機車去晃晃都讓我嫌麻煩的城我會想念你的。

[iii]

Minuetto

小 步 舞 曲

一個人的旅行很美，
大多是因為孤寂。

從巴士轉進阿給車站巷口時，我發現清邁到了，二訪清邁是從這個精確的瞬間開始的。

上次從阿給車站往南去曼谷，並不曾從北方抵達清邁。在車站外與本地人一起叫了雙條，三五分鐘後就到了舊城的塔佩門。星巴克、麥當勞、Black Canyon 都還在，我竟是靠著連鎖店找回憶，反而應該快速改變的事物沒變，時間就好像又走了長長一段。行李還沒卸下就在城門前自拍紀念，畫面從上次待的十一天繼續往上累計。

重回喜歡的城市令人特別放鬆，去過的地方再去像是定期修剪一次頭髮，看見鏡子裡自己稍稍改變過的輪廓，眼睛鼻子嘴巴都沒變，但看起來就是不同，一種以熟悉爲基底的神清氣爽。

早上十點，我自旅館匆匆出門，要赴與R的約。他從台灣飛抵清邁了，剛離職的他預計要在泰國待上一個月，順道帶著我補發的信用卡，還有向琳達媽借來的相機。我們剛好能在清邁碰面，並一起走上幾天，這將是我第一次的兩人旅行。我選了個最好找的地點碰面，就在塔佩門內的在地連鎖咖啡店，要R進市區後就先到那等我，以他工程師擅用智慧手機的天分，找到這一定沒問題。

十點過五分，我就如在台灣的習慣性遲到，進門就看見了R與他的超薄麥金塔，我直接坐在他對面的位置，這裡就像是公館溫州街一帶的咖啡館。打了招呼，用了好久沒說的中文，聲帶好一陣子沒以母語的方式震動，話從喉頭吐出來時，感覺這聲音特別好聽。

「你頭髮長了，變黑了，皮膚變好了，好像本地人喔！」踩著拖鞋走了十分鐘的路到這，一副剛睡醒的邋遢樣，又已經在東南亞曬了一個半月，會見一個搭了整夜飛機到泰國的台灣人，我的確該像本地人。

我帶R到城邊我住的旅館，兩張單人床的簡陋房間，一張床從今晚開始只要一百銖，有種旅行可以因此延長一倍的錯覺。

接下來直到與R分開前的兩個禮拜，我每天都說中文，每天都說了很多話，隨時就能把心中想的事說出口，這是兩個人旅行最直接的不同。

「你本來在台灣就很多話吧？但現在更有精神，說話更大聲了！」R說。

「我是因爲必須幫你導覽才說這麼多話的！」我以老鳥的姿態反擊。

從幾座主要寺廟開始入門，我以僞在地人之姿，帶R往老城裡閒晃，在美食、景點和市集店家之間流連。分享一個喜歡的城市給別人，他若由衷的點頭稱讚，自己也跟著愉快。

若說旅行的某部分是探險，下車後、迷路中或抉擇時，未知、陌生和不安都能拿來分擔而減半，尤其失去理智時更需要有人作伴壯膽，才能一闖心中的暗黑祕境。我習慣找旅遊書，他喜歡用網路查旅遊資訊；我們共租一台機車，他負責騎車，我就在後座拿手機導航報路，以如此合作模式去了一些我沒去過也沒聽過的精采景點，比如在城市裡竟會有一座藏在森林洞穴裡的古寺，就是R找資料發現的。「我怎麼從來沒想過可以來這裡？」別人總能輕易戳中盲點，點醒自己總是視而不見的某些東西。

當旅行時話說多了，對周遭的觀察力鐵定會減弱，不過這能從另一個人的身上補足，旅伴看見的、發現的、感覺的，是自己從來也不會有的，旅伴也是該被仔細觀察的旅行風景之一。

「這是我喝過最好喝的Tom Yum了!」我帶R到叻差當能路上一家小有名氣的食攤，我們點了滿桌又酸又辣的泰國菜。在泰國吃泰國菜聽起來理所當然，不，自己通常一份河粉湯或炒飯就是一餐，背包客一窮二白沒辦法吃太好，桌前擺超過兩個盤子就令人心虛，這豪華待遇是拜兩人旅行所賜。

我一共來泰國七次，但第一次吃有生螃蟹的木瓜絲也是R點的，他還查了「不要太辣」的泰文怎麼說，但泰國人說的一點點辣都不能相信。在清邁大學夜市裡看見吃到飽的火烤兩吃只要一三九，我們相視點頭後就毫不遲疑的坐進店家，不用多慮隔壁桌全家和樂融融的氣氛會把自己逼到牆角偷哭。

兩個人旅行後，就不用再遠遠的設定自拍又怕相機摔落欄杆，但與我這麼一個有拍照強迫症的人同遊，R這期間像是實地上了外拍攝影訓練班。託他帶來琳達媽的GF2，鏡頭蓋並沒有繩子與機身綁住，不習慣的我不停的把鏡頭蓋掉到地上，起初自訂模式的顏色我也控制不來，就如清邁陰天裡的寺廟，顏色怎麼調整都像長了一層黴，非常挫折。這台相機比起臨時故障的LX3是進階了許多，顯示器都已升級為觸控，也許對清邁的熟門熟路正好讓我多花心思來練習那些更複雜的操作。

我一向喜歡一個人旅行，移動起來簡單又自由，這次R的加入是個機緣，說不定兩個人旅行就像那台更高階的相機，即使不是自己的，但只消練習幾天摸熟他的脾氣，就能拍出更出色的照片。

（「對啦，你拍的最美！我拍的都很醜～」R又酸言酸語的牢騷了起來。）

翻看起清邁照片，發現成像變細膩了、色彩更飽滿了，以為是第二次來清邁眼光變了嗎，才想起來這些相片是用琳達媽的相機拍的。相機是R帶來的，兩人旅行也是從此開始的。

回台後有天下午，我和R在景美的茶店又說起清邁，我問他：「清邁到底是哪裡好？」比起曼谷，R更喜歡清邁。我也很喜歡清邁。我們一致認為清邁是個令人放鬆的城市，但何以泰國到處是標榜「悠閒」的好地方，如南方的海島或泰北的小山城，而清邁卻特別惹人疼愛？

城市都有一種獨一無二的質感。北京是紅的，東京是透明的，首爾是硬的，曼谷是濕的，新加坡是塑膠的，瓦拉納西則是刺鼻的。若用食物來形容城市，我覺得清邁是戚風蛋糕，雖然蓬鬆，卻是飽滿的、有彈性的。

我認為城市分為兩種，一種如海洋般廣大、密密麻麻編織起來的、讓人無盡探索的，如曼谷或東京。而清邁是另一種，讓旅行者抱在懷裡的、絲絲耳語的、細數家珍的。清楚的護城河圍起了一公里半見方的城，即使城牆不在了，城的形狀依然清楚留下，明白的邊界讓旅行者感到安心，即使如今清邁早已越過城牆往外發展，這古城仍如心臟於此跳動。比起台灣的古都台南，許多古城門雖在，但舊城的邊界則難以察覺，城市仍以一個經濟發展至上的大都會自居。

以塔佩門延伸到帕邢寺的叻差當能路為主幹，再依個人喜好往左右長出自由的路線，寺廟、美食、按摩、咖啡小鋪等，都是徒步就能抵達的簡單明瞭。雖然這是錯覺，清邁遠比起認知的複雜廣大，但錯覺是美麗的，他像一本編輯好的參考書，已整理出摘要重點，不滿足的旅客則可自行深入。但它絕不是一本漫無目標的大字典。

清邁通常不是旅行者到訪泰國的第一個城市，經過曼谷或度假海灘的熱情轟炸，自然能感受到清邁閒散氣氛。也因如此，距離首都十二小時火車、九小時巴士的距離，過濾了對泰國風情只想嚐鮮的人潮，降低了觀光密度。來到清邁的旅客多已對泰國有更多的喜愛與認識，不再迷失於超大型百貨公司或批發商場，因此能更沉澱在安靜的旅行中。住在清邁的泰國朋友J便覺得大型購物中心的逐漸興起對清邁是一種都市化侵略。

悠閒到了底稱爲無所事事。清邁悠閒，可以無所事事，而非只能無所事事，清邁的鬆緊是有彈性的。清邁身爲舊朝首府依然底蘊豐富，位居泰北起點還擁有廣袤森林，空靈的佛寺與人氣夜市都有，古樸傳統與時髦設計兼具。

多數想「放空」的遊客，並非想完全掏空所有，而是在空虛時必須獲得適度填加，宜人的生活尚須載重偏低的運行。有如一盞黑暗房中的小夜燈，微微照亮了不大的視野，舒適而溫暖，完全的黑暗是將人隔絕於外界的。清邁的悠閒仍然貼近民生世俗，除了密度極高的佛寺，不乏色情酒吧和阻街女郎，街上的按摩院也可能暗藏春色，這些飲食男女都是生活的部分，清邁並未因標榜慢活古城而水清無魚。

如又比起泰國中部相同是古城的素可泰，清邁對外地遊客釋出的善意是更顯而易見，除了古城作爲主菜以外還有選擇多樣的甜點來搭配，簡而言之，即是適度的觀光化。即便素可泰的歷史遺跡令人驚嘆，但出了古城到新城便是沒有驚喜的密集街道與樓房，於是遊客通常不出兩三日就往清邁或曼谷去。

房租飲食物價相對低廉，於是我們說清邁適合生活、長居。許多遊客在清邁住久了，甚至是退休後的永久移居，旅行已是以年月計。生活中安插課程學語文、學按摩、學做菜、學瑜伽，清晰簡單的時間安排讓自己找回在原所在城市已紊亂的生活步調，自己能慢慢的走，無人在後追趕或拉扯。

慢活之城，僅是將生活速度放慢，而非歸零。

清邁地圖在我腦中是簡明扼要的，由東至西也由低漸高，屏河、瓦洛洛傳統市場、觀光夜市、方正古城、尼曼明路流行街、清邁大學、動物園，最後上山至素帖寺又俯瞰溫習了整個城，令人易於掌握的安好境地，簡單而豐盛。

週日下午三點，我和R坐在一家十字路口旁咖啡店的戶外座位，看著周日夜市的商家慢慢將商品攤架搭設完備，突如其來的一場雨又讓大家手忙腳亂。整個下午耗在街角哪兒也沒去，就坐在屋簷下看著夜市從無到有。

這是清邁最大的市集，許多遊客也爲了夜市刻意將旅程排在周末。天還沒暗遊客就已漸漸湧入，我們花了二十銖各買了一杯暗紫色的綜合果汁，我高舉果汁請R幫我拍下與熱鬧夜市的合照，此時帕邢寺那端的暗藍天空恰好射出煙火，原來正適逢皇后生日，全國各地都有慶祝活動。照片中人潮蔓延到遠方沒有盡頭，人人燦笑映著點點燈火，清邁彷彿正臨太平盛世。

週一，我和R到塔佩門前的麥當勞吃早餐，在二樓看著又恢復寧靜的廣場，工人們正在拆卸爲昨天慶祝活動搭建的臨時舞台。一邊抱怨著速食店又貴又淡的爛咖啡，我們聊著清邁到底哪裡好，然後決定再多留下來一天。

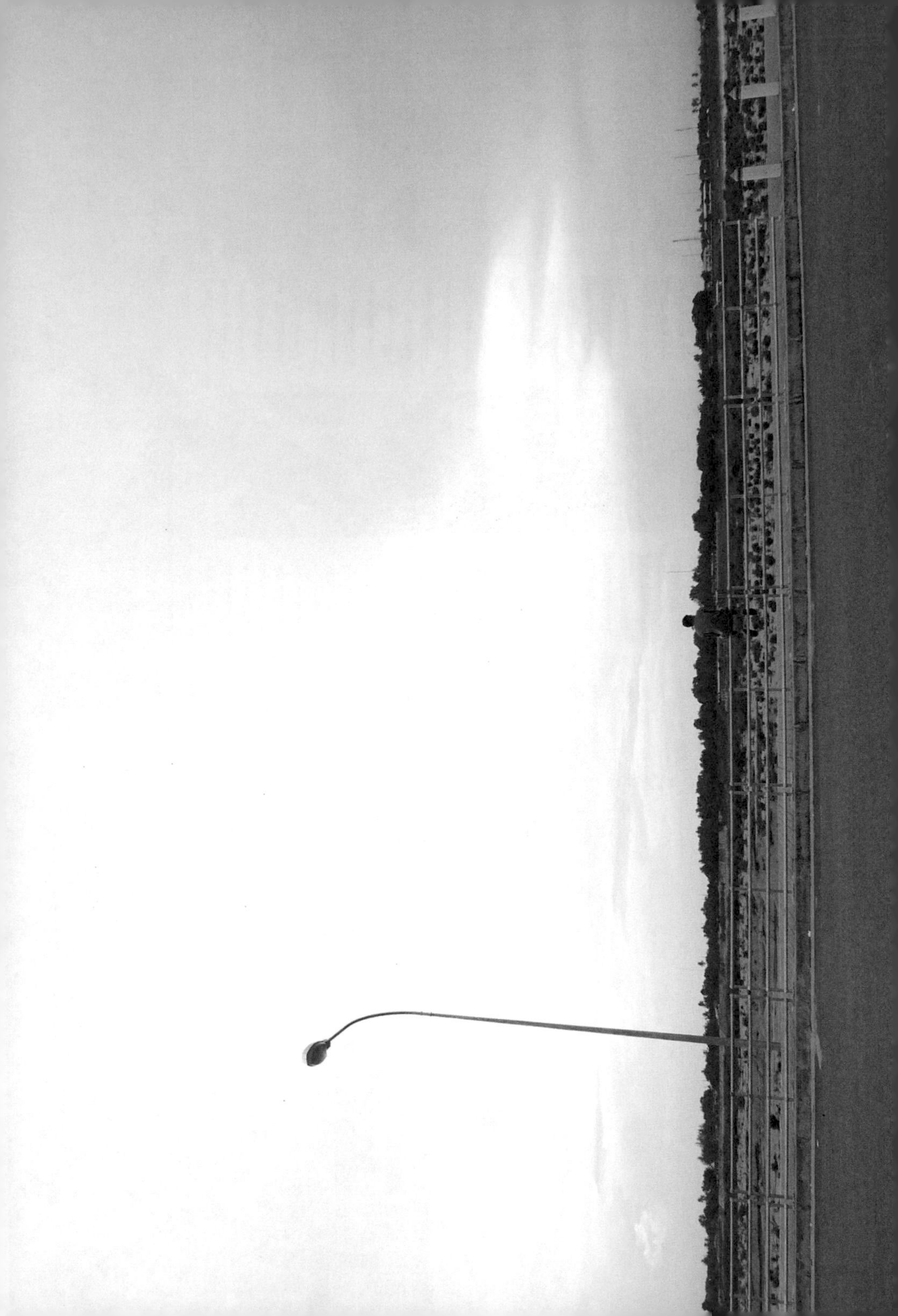

unicef

POLICE

อ่างเก็บน้ำแม่จันหลวง
ระยะทาง 9.00 กม.
หงส์ เฉียว อิน
บริการห้องพัก
081-531-6298
โรงแรมชินแซ
新生旅館
SHIN SANE GUEST HOUSE & BUNGALOW
ROOM
50 B
100 B
200 B
300 B
53-765026
MAESALONG

พระบรมธาตุ
PHRA BOROM THAT
榮民之家

HONDA

ประกาศ
TOURIST POLICE
YOUR FIRST FRIEND
0.3
ห้าม
ติดตั้งป้ายโฆษณา
ในเขตทางหลวง
เชียงใหม่
CHIENGMAI
แม่ฮ่องสอน
MAE HONGSON
โทร : 081-9517483

086-9131332
Nestlé

NESCAFE
Sold Here

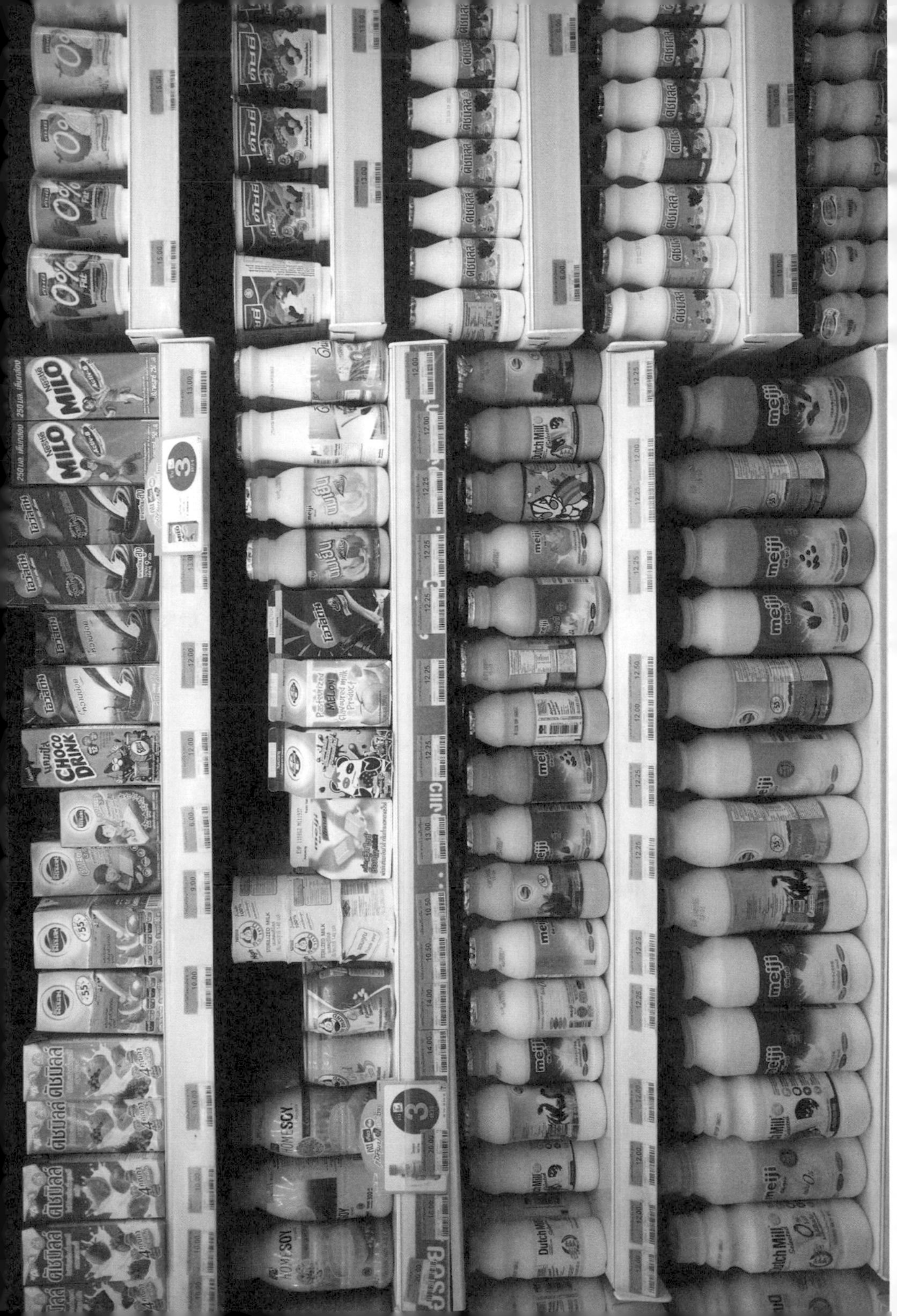
MILO
CHOCO DRINK
meiji
HOMESOY
Dutch Mill

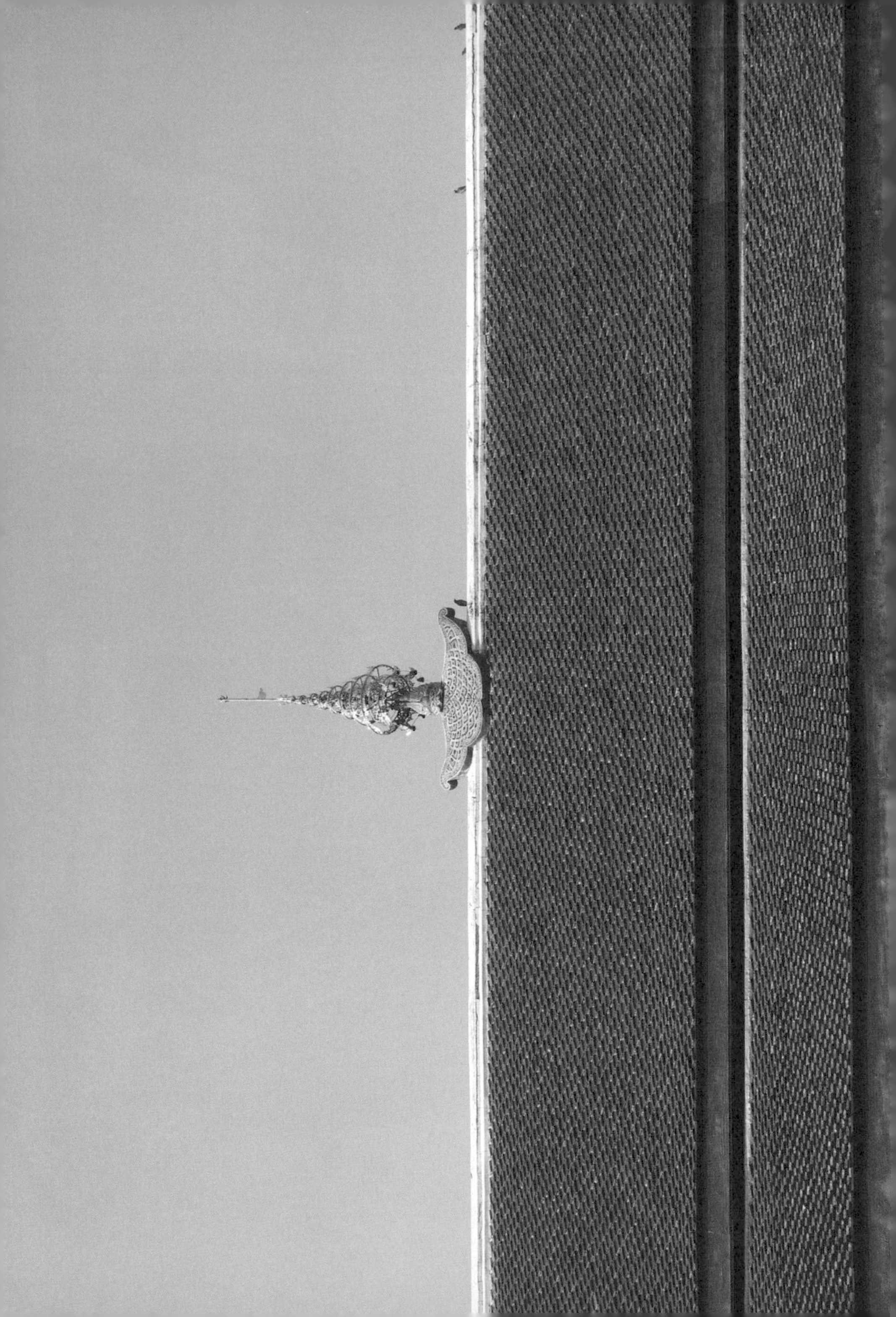

泰國的寺廟群當然是分巨大的寶藏，即使建築華麗繁複、佛像莊嚴肅穆，我還無法領會到那分屬於我的奧妙，所以我並不願讓自己跟隨著旗幟盲目看花。

有次我住在清邁帕邢寺前的旅店，帕邢寺是清邁古城內最大、最重要的寺廟，在城內的地理位置就如宮城內的主殿，穩穩的盤據大道的端點。出了旅店就看得見廟，那兒彷佛成了一座公園，下午或傍晚我總會過去走走，沒有背包、不帶相機，兩手空空就繞去晃晃，這些每日午後的不刻意心情，反倒讓我領略到寺廟的幽幽寧靜。

泰國朋友Joi說清邁的富裕人家只要有錢，就可以為自己的家族蓋一座廟，祈求世代平安，同時也築起身分地位，於是小小的清邁竟擁有跟曼谷一樣多的寺廟數量。

寺廟是宗教場所，建築空間被賦予的任何象徵或儀式都來自宗教。寺廟之於宗教，猶如宗教之於人心。信徒必須透過重重的表徵，從閱讀寺廟、理解宗教再轉換至人心，最後才接收最無瑕的原始意念。

「嘿！拜託，那玄之又玄，我出來玩可不是跟你追求人生真諦的。」不，換個易於理解的說法，寺廟是供應寧靜的場域。多如牛毛的宗教儀式、金光閃閃的寺廟重簷，最終，都只是為了求得心底的寧靜而已。也許，我從這一端來看寺廟將有所獲。否則泰國的寺廟永遠只有那些大同小異的留念照片。

我喜歡泰國佛寺的席地而坐，安靜寬敞的空間，大佛在前，所有人就靜止了毛絮般的言語。想也好，不想也好，就是暫時無聲的靜止，有時讓經文緩緩圍繞，心滿意足了就起身離開。我要說的並不是多麼虔誠的靜思祈禱，只是暫時閉上嘴巴、拿下耳機，仔細聆聽寺裡的空無，想想我的旅行人生，想想我的人生旅行。寺廟早爲雜沓都市預留了如此僻靜角落，即是人類宗教最終的追求，單純至極。

後來，這樣的方式成爲我與泰國寺廟的相處之道。我也常跟朋友說起，若走累了就到寺內的地板坐坐，不用低消，沒人打擾，就可以享受自己的那分安靜，還省了咖啡錢，也看到了自己眼中的佛寺。

眼裡，佛寺總是華麗，每個碎片都伺機反射眾人目光。鋒芒，自天空承接一道閃亮，餵養枯竭恍神手持單眼相機的信徒蒼蒼。邊角，翹起一道娟秀是文章句末筆尾挑起的遙想。寺外，我欲抄寫下凝靜的時空，不分心花邊的衣裳。

c04 菜飯是盆栽

我好像不只一次抱怨或感嘆這些。旅行以後，我所謂的風景，大多不是什麼自然山水或珍貴遺產。旅行以後，我認爲藝術分爲兩種，一種是堆疊而成，像裹小腳、苦練的音樂家、低調奢華的室內設計。一種是自然生成，像市場、小孩的純眞、印度掮客的求生之道。旅行以後，我開始喜歡不潔癖的美感，不過那也是在經過潔癖的美學訓練以後，所以潔癖與不潔癖、堆疊與自然又好像分不開了。小吃店來到清邁以後，只有更安靜的分。街上經過的車少了，店裡吃飯的人少了。繞進一家沒人的小吃店，是我常做的事。也不曾爲了美食做功課，從來就是在用餐時找家順眼的餐廳。小吃店的風景，是老闆爲了食客布置的，是他讓你在呑嚥咀嚼食物時眼裡看到這些。菜飯是盆栽，小店是花園。他們不經意的布置這裡，用了這些顏色、貼了這些海報、鋪上這張塑膠布、擺上一組調味罐、拉上這把塑膠椅，最後端上這道菜。也許是我在用潔癖的眼睛觀看，才讚嘆起這眞情流露的美感。原來在什麼都還沒學之前就已經會了，只是我不知道。所以人還是得繞一圈回到出發點才看見初衷，噢，原來是這樣。我好像不只一次抱怨或感嘆這些，或許是我覺得太可悲，所以又在該睡覺的半夜說了一次。不是餐廳，不是飯館，小吃店之所以小吃，彷彿吃只是件點綴小事，所有動作都落落輕盈。看來，我還得把眼光放輕，風景才更迷人。沒有結論，我非常喜愛這些小吃店風景。想知道清邁隱藏版街頭美食的朋友，還請去翻翻旅遊書，厚厚一本應該有你想要的。

我一向不擅長參觀佛寺，信手拈不來歷史，也說不出一口好建築，佛祖哪兒來哪兒去終究是經過了此地，旅行者嘛，我們信仰當下相遇的緣分就好。東南亞的大小佛寺成千上萬，若全自旅遊書上刪去，旅程肯定是要少掉大半。不是不愛看，只是不擅長。

香火正旺的廟可以看看熱鬧，看那些鮮花金箔怎麼誇耀信徒合十的祈禱，看那些重簷壁畫怎麼包容荒野失落的神魂。但傾頹的遺跡就難懂了，像黑白照片在相本裡被遺忘，好久好久都不曾被翻開，顏色被抽掉復古味道頗好，但旁邊主角的名字是誰卻想破頭了也記不得。在意的，還嗅得到當時眷戀的餘味；若無心，就像上台報告時間不夠了的投影片，匆匆一瞥就趕緊翻到下一張去。我不是你，從未參與過你的過去，你拿當年的過去要我看到什麼呢？榮景如今要從磚瓦灰燼間說起，不談同情不讀書，我們拿什麼來當翻譯？我們只能一人拿一邊耳機聽同一首曲子，耳中聽見相同的旋律，但心底暗自唱著喜歡的歌詞。

素可泰曾是王朝首都、歷史之城，不過這道光芒夾在清邁和曼谷之間奄奄一息，特地到訪的遊客相對的少。我和R行程鬆散不趕時間，就決定到曼谷之前停留幾天，多認識一個泰國城市，並非爲了朝聖而來。

我們住在一點觀光氣息都沒有的新城，不過食物好吃消費便宜，一如泰國各地都有的舒服友善。距離十二公里外的舊城，面積與現在清邁古城不相上下，但如今已是被掏空血肉的歷史公園，購買一百銖門票就可以觀賞輝煌城市的殘骨。我和R租了一台機車騎進攤開的地圖裡，寺廟佛塔斷垣殘壁有如電玩遊戲的關卡，一座接著一座拍照蓋章，機車引擎在空曠的園區裡不識相的咆哮，按表操課速度太快，不知爲何而看好似索然無味。

幾百年的剩餘就是眼前的人去樓空，既殘酷又冷靜，我忽然想丟棄那些密麻的過去，走進現在眼前這光禿的楚楚可憐裡，無視王朝，不談歷史，反過來爲當時的古人導遊起這最新的現場。

旅行若不貪求，只願領略一角心中的美景，沒沒無名微不足道即可。

我們丟下機車來到一座印度教寺廟，青綠平坦的草皮裹住一圈不起眼的石牆，三座高棉風格的佛塔探首其中，我無意入內鑽研建築或宗教，只是徒步繞圈緩緩感受這場所。走了半圈見到主入口，一位大叔坐在長凳上脫了鞋納涼，不遠處的小竹棚擺著販售給遊客的紀念品，小攤子只是他的配件。每天就選一座喜歡的寺，他擺攤如擺陣，風拂綠茵如詩，靜靜的定在此淡泊幽涼之中，說做生意嘛，合則來自有緣分。他沒說上半句話喚我買些什麼，我則悄悄加入他的春風沐浴裡，麻雀婉轉啁啾，三人共享這無爭之時，眼前靜好。古寺尚在也已融入生活片景，不只崇拜。

素可泰古寺何其多，從地圖上挑幾個有緣分的，有如探訪老友好好的聚上一會，在涼蔭處坐下聽聽古寺的聲音，收起急躁的相機、喝口茶敘敘舊，不急著走。若急忙趕場就跟候選人拜票一樣，作勢虛情難得收到心上。

書中神祕的娓娓描述在我腦海建起了想像的模型，我常相信直覺的選擇。趁天黑前我們找尋城外一處山坡上的佛寺，此寺位處荒僻訪客鮮少，我們靠著手機導航一路騎過無人的石徑，泰文的佛寺拼音難以辨讀，一座經過一座我們也一路停停走走，直到見到一道通往上坡的石橋，我們才確定找到了。

所謂石橋，是由石塊碎片堆疊築起的坡道，在陡坡覆蓋上另層緩坡讓人能逆行而上，不如人工水泥階梯的銳利速成，樸拙的石橋從山下就已然沉澱紛亂的心場，有些費勁的上坡則逐步讓身體勞動，是提醒也是儀式。途中可見前人疊起的祈福石堆，石頭只靠輕觸相疊，隨時可因風吹外力就倒塌分離，隨緣謙虛的心願令人珍惜。

百餘公尺山坡上的古寺荒而不廢，巨大的石塑立佛與柱列露天併立，佛像胸口龜裂腦後草葉攀生，背後也已經撐起防止倒塌的混凝土補強結構，沒有華美的雕梁畫棟，我們依然用盡誠心綿長信仰。一組信眾在大佛腳下焚香吟唱誦經，祂靜定的眉眼高高在上看俯瞰著素可泰古城，沉重巨大的存在賜人撫慰的力量，人的血肉軀體此刻顯得虛弱渺小，被捧在佛祖手心之上，不再憂慮惶恐。

一條忠誠的野狗引導我們上山，下山時又走在我們前頭帶路，萬物心靈相通，佛心也願伸手攙扶。

下山騎車離去之前我又回望山端，看那座被時間剩餘的寺廟，凋零殘破到底，信念卻低鳴遠道而來。從過往、從遠方，像流浪者把持的堅定意志，不惜居無定所衣不蔽體，只望自己能對自己說話，只願把寺築在心上。

回顧旅行史，我曾在香港掉過護照、上海相機被扒、印度搞丟手機、越南錢包遭竊，筆記型電腦也曾經在我去恆春長住的那一個月無法開機。這些輔助旅行的物件都可能在途中罷工或失蹤，旅行也是生活，任何事物本來就會在日常裡無常，從物件的視角來看，時間到了就下班，機會來了就走人，誰是否正在旅行對它們來說從來無關緊要。

自從有次在東京的民宿浴室裡，直接把洗面乳往戴著眼鏡的臉上抹而弄斷了眼鏡以後，我每次旅行一定多帶一副眼鏡。關於這些生怕看不到或記不起的事，我都特別謹慎。尤其是相機，那些會快速在腦子裡褪色的風景，我完全過分依賴器材，甚至犯強迫症，備分還有備備分，因爲我心虛以爲旅行不能分享就無法證明那只有我自己知道的曾經。

LX3。

參觀完施沙格寺後離太陽下山還早，我在永珍湄公河邊的公園，買了鋁罐裝百事可樂坐在草皮上發呆看人，日光浴、散步慢跑、情侶曬恩愛每個人無事一身輕，我也懶洋洋的置身事外，愣到因爲穿夾腳拖而沾染髒汙的腳趾都成爲拍攝主題，尤其趾甲一段時間沒剪卡進拇趾肉裡的尷尬狀態，就非得用近拍把它忠實記錄下來（這腳趾與永珍何干？與少女塞滿大頭自拍的風景照無異）。開機，液晶沒亮，這老毛病了，我習慣性的像兒時對付老舊收音機或電視那樣拍打，亮了。焦距沒對準我刪除重拍，螢幕又黑了下來。這回，超過一個小時的捶打急救，一根腳趾甲是壓垮了它攝影師自尊的稻草，不願再妥協。

嗯，這次不是鬧脾氣，它只是保持靜默長期冷戰，不再對我說話。旅程不到三分之一，在遙遠的寮國我故作鎮靜，沒事的，我有備分相機，沒事的，只是液晶壞了還是能拍。沒事的沒事的，那天下午我覺得旅行黑了大半。

V570。

先發受傷退場，陪我去印度的雙瞳機盡責上場代打，不過回不去了，畫素低了、光圈小了、畫質差了、功能少了，拿不出最佳表現心中難免有缺憾，就姑且用印度帶回來的那些美麗畫面來清洗眼睛和信心。旅行走到下個國度，該不會是它看出我暗地裡的牢騷嫌棄，否則哪有備分相機也掛點的道理？錯誤代碼 E45，鏡頭對焦組故障。

一個自然醒的早晨，天又立即黑了下來，我閉上眼睛吐了一口很長很長的氣。旅行天數加倍，相機故障的機率也會加倍，嗯，同理可證，壞一台的加倍是壞兩台。旅行還有一半，我展現了失控的冷靜，這樣總算夠了吧，我在拜河畔的小木屋這樣對自己解釋分析。

μ-II。

非常不熟練的裝上膠捲，深怕它沒有成功捲片，上次用它是在十二年前的旺角街頭，透過觀景窗瞄準這回事當兵打靶的記憶還比較清晰。午餐隨身帶出門，拍了一碗麵、一家店面和一個招牌，對於無法立即複習過往時間我極度不安。

於是我回頭拿起 LX3，螢幕黑了眼睛沒瞎，我開始用感覺盲拍。用肢體的記憶來拍，手伸出多少長度擴散出的視角可涵蓋眼前所及？用手感拍照，拿機器觸摸風景，像拓印般的拍照法，印下整個拜縣山谷，也印下每一道晚餐。我訝異原來手感竟如此值得信任，且令人期待。後來習慣盲拍，相機擺多高設定自拍後該跑多遠都心裡有數，直到熱心路人主動要幫我拍照，看到漆黑的液晶歪頭狐疑時，我才想起它壞了並趕緊道歉解釋。而μ-II就僅僅拍了那三張拜縣街景，至今都還沒沖洗出來。

GF2。

因爲行程不定、國際運費昂貴而放棄了從台灣寄來相機的辦法，幸好友人R原本就計畫在清邁加入旅行，就請他充當快遞跨海救援，好心的相機主人琳達媽讓相機代替她先出國場勘。GF2更高階了，可更換的鏡頭、觸控螢幕、令人虛榮的快門聲都是第一次，武器前所未有的精良，但操控的變因多，我不能再是傻瓜一個，利用二訪清邁一邊熟悉女朋友二號，直到鏡頭蓋不再掉地上我才開始上手（LX3有線把鏡頭蓋繫在機身），清邁以南的旅程也至此豁然撥雲見日。

曼谷後，我開始沿途購買記憶卡或隨身碟，像在童話世界裡丟下麵包屑註記以防迷路，分批將電腦裡的照片全部備分一次，我肯定承受不起森林裡一片全黑的喪志死寂。我拍照不玩攝影，卻不得已在一次旅行用上四台相機，老弱殘兵堅強還是一支忠誠戰隊，把各家線材、充電器、電池塞回背包，我會護送你們回台灣。

一次旅行，四台相機，四種畫面，四場當下。

我借了R的手機幫這四台相機留下合照，也是故事最長的一張，但我更希望有天即使沒有照片故事還是溢滿篇章。

曼谷森林。

曼谷是森林，是慾望梭巡的城市。尤其在高架的空鐵蓋好以後，幾處城市的角落宛如長出茂密的大樹，遮蔽了陽光也滋養了微小又堅韌的壯觀生命力。

我要說的其實是空鐵站靠街邊建築很近這回事。尤其在Saladaeng，原有的馬路本來就不寬，空鐵一落簡直就如俄羅斯方塊般緊緊塞住了街道上空，站體本身與民房的距離近得誇張，似乎手臂一伸就能和居民握手，或是直接從二樓跳進陽台也非常可能。

不僅天空稀薄得只剩隙縫，地面層連人行道也占滿了攤販增生組織成的夜市，整條Silom路上日復一日都是如此生猛的盛況，人潮在終年遮蔽的水泥樹蔭下流竄，攪和著交通煙塵噪音和原本就潮濕的空氣，就是我所謂的「森林」。

森林大樹的落葉覆滿了土地，於是土地無法吸收陽光，泥濘、黏稠、燥熱、蠢動，更多生命卻因此繁殖生長。對照現今的Silom路，觀光客、情色業、夜市、飲食男女，水泥森林彷彿溫柔鄉，各國遊客紛紛找到合適的柔軟洞窟躺臥其中，而泰國人就是遮掩陽光的落葉，將紙醉金迷與夜夜笙歌的聲光緊緊鎖住，彼此汲取需要的養分存活。

如果讓我下幾個關鍵詞，那個森林般的城市溫暖、鮮活、茂密、柔軟，一切不那麼絕對的潔癖，有點髒、有點濕、有點熱，是個視覺溫度適中的國家。永遠有令我驚奇的創意展覽、舒服低價的按摩、慾望十色的夜生活和市集商場。遼闊廣袤的土地與高聳的頂尖文化並存，也因爲以旅遊觀光立國，那情調是模仿不來的。

學點泰文、混合些台北E來的工作，配著一杯泰國本地產的咖啡和無線網路，以一個外地人的身分混種本地生活。說道地的生活在泰國還差得遠，不過這半吊子有令人著迷的玩味方式，就如向攤販學幾句泰文，不標準的發音總逗得我們彼此嘎嘎笑，旅行的輕鬆美好不就是那樣了嗎？

我怎麼可以讓泰國占據我旅行的未來？爲了一座森林而放棄了整個世界？於是他說：來曼谷轉機吧！曼谷機場到得了世界每個角落。所以我將說服每個冬天的自己，暫別台北的陰雨灰雲，游向溫暖的海洋。

曼谷的空鐵森林是現代化生長過快的結果，小草地還沒做好準備就強加養分促長成森林。不過，這卻是這個世界級觀光城市的特色，渾沌交融隨遇而安，天使之城的天使也隨之妖嬌俗豔，神聖的大象也被派來Silom路口的安全島中負責伸長鼻子迎接各國賓客。

現在空鐵已經與城市快線連結，機場到此已不須落地，人潮彷佛一場又一場及時雨下得又快又急，土地若只是營養過剩還好，若超過負荷得到反撲，像我一樣的觀光客如啄食小蟲的飛鳥滾回家就好，但森林的落葉就只能隨洪流而去了。

陽光下的渾沌。

塞車對觀光客來說，只是風景。

在小時候旅行還是個陌生的詞彙時，就從新聞上知道曼谷舉世聞名的交通壅塞狀況，當時以爲那是個發展中的不先進現象，現在我完全不這麼認爲。

誰都想要一個便捷的交通、不打結的馬路，所以才把高架、捷運都蓋了起來，即使粗暴的掩蓋路面或河川的陽光也不覺得可惜。不過當有天馬路不再渾沌，人們又會開始想念陽光。

我有時搭公車出門，沒有英文資訊的公車是不利於外國人搭乘的，不過沒有緊迫時間的追趕，多花些時間耗在車陣裡是無所謂的，更何況那些車上風景也許不久以後就沒有了。我說的是拿著金屬錢筒的收票小姐，以及她親手撕下截角的一張小紙票，和不知道哪站下、和乘客不太通順的互動過程。

因爲他們知道自己身爲熱情東南亞的門面，所以泰國的計程車顏色多樣且鮮豔，在車陣中創造了美麗的圖騰，桃紅的、鮮綠的、亮黃的，有時候一台車還不只一個顏色，拚命的表現像是在台上走秀，就是要吸引行人招手，乘客上上下下也有在遊樂園旅行的錯覺，曼谷所製造的愉快心情讓塞車也覺得是刻意安排。

下班時間，步出百貨公司、走過天橋，眼前又是一條沒有盡頭的車燈光帶。這種風景實在平凡得可以、天天都會出現，遊客第一次遇見時總是拿起手上的相機，記錄起這原本是誇張的場景，下次就跟自己沒關係了，因爲馬路其實對他們來說就眞的只是風景，並不身處其中。如果拍下的不只霓虹般美麗的風景，還有爲何閃爍的迷人個性，那麼當降落在自己國家的機場時，旅行留下的會更多也更有意思。

當有天思路再度陷入渾沌，我又開始想念曼谷的陽光。

有多少人是爲了曼谷的夜而來。

各色光鮮明的映在各國遊客臉上，坦誠面對自己的人勇於追求，朝心底的慾望邁進。怎麼是曼谷？這個城市率眞的販賣每個人背後想要卻又不說出口的東西。

曼谷有個萬能鑰匙，打開你從自己國家揹來的鎖。

林森北路的小姐操著一口流利日語送往迎來，歌舞伎町的外來者在黑白兩道中求生，曼谷秀場裡的男孩女孩白天換起制服認眞念書，每個面容都說著好多動人故事。

「How can I remember you ?」在這熱氣騰騰的南洋半島，暫時的感情的確可以玩弄出熟成的幸福，但可能帶不出機場海關的等待線，像是特產一樣，回來這裡才有。

Silom 路上的攤販日復一日的與觀光客討價還價，一年、五年、十年，賣的紀念品沒有改變，說著一樣的開場白，中午擺攤，午夜收攤，攤前經過的面孔是五顏六色、成千上萬，心底關注的是什麼？不變的商品？還是流水過客？和旅行、人生一樣，看到什麼就變成什麼樣的人，過什麼樣的生活，腦子就長成那個形狀。

夜又是什麼形狀？是足跡和目光交織而來。小時候我總拿起彩色筆著下想像的顏色，長大後卻總是穿上一身黑。老師教我要誠實，我現在知道那才是不堪的泡沫，閃爍虛僞的光澤。於是白天象徵勇氣的陽光透過人造壓克力水晶幻化成柔軟又堅實的香氛。

夜的旅行，從曼谷開始。

八年前第一次到曼谷時，飛機還是降落在舊機場，不如現在新機場有地鐵連接市中心，得搭機場巴士到拷山路。據說小鴨子從蛋裡孵出來時，第一眼看到什麼就認他作媽。我在拷山路度過了我人生中第一個泰國夜晚和早晨，濕熱氣味、玻璃瓶豆奶、用半個便當盒蓋裝的泰式炒麵、一條吞沒行人的街。日後我便以那樣隨遇而安的方式上路旅行了。拷山路無法代表泰國，但那絕對是世界上絕無僅有的一處極致經典，恣意放縱旅行花火的一處勝地，這裡是旅行世界裡一個航線密度最高的樞紐，從全世界到拷山路，也從拷山路到全世界，這裡的攤販店家肯定是最有國際觀的一群人。

拷山路的經典性寄生在一種特定的旅行方式，簡單的說就是「旅費受限，自由無限」的背包客旅行。他們減少住宿、交通和飲食花費，來盡可能延長旅程、擴大旅行樂趣。在拷山路可以滿足這些人所有需求，生理上或心理上都有，包含買到通往全世界的票券、談一場天花亂墜的臨時戀愛、訂製一套衣冠楚楚的西裝或假身分證件，全都是拷山路的營業項目，所有的服務都建立在一種得來速的浮動狀態裡。

反之，若你不是背包客，這裡將對你完全沒有吸引力，髒亂又難逛，商品粗糙同質性高，從漢堡王的入口走到另一端的警察局五六分鐘，大概只有巷子裡的復古星巴克讓你想拍張照，你懶得回頭，就直接搭計程車回到市中心。

如此差異來自旅行觀，西方年輕人習慣在畢業後到東南亞走上半年數月，認識世界差異，台灣人只多請了週五和週一的週末連假，爲了逃離辦公桌前；老外可以茫然虛度日復一日，台灣人四天行程滿檔一點時間都浪費不得，自然無法在此醉生夢死。

拷山路只在夜裡精采，酒吧裡的老外溢到馬路上，整條街跟著重低音喇叭震動直到凌晨三點，無論再晚都有剛下機揹著登山包的人進來找旅館，除非躲到更深的巷子裡，否則這裡的旅館百分百不適合早睡養生的人。不要求太多的話，三美金就能有張床睡上一晚，再加三美金就能有自己的房間，再加三美金就有冷氣吹，不需要訂房也一定找得到房間住。對背包客來說，連行程都沒有，當然無法訂房。能用一百元不到就住上一晚不是什麼能耐，而是一種界限的破除，在逐漸擴大腳下世界之際，背包客期待自己能更謙虛的欣賞各種風景。

我第一次到拷山路住的旅店很不錯，有自己的浴室，一夜五百銖。那是我第一次住沒有電視、網路的旅館，那次我發現沒有影音設備的晚上竟有那麼多細微末節的事可做。隔天一早陽光透過米白色的棉質窗簾灑進落地窗，阿姨已經開始打掃隔壁房間，她輕快的唱著語調滑溜的泰文歌，那是我唯一想繼續聽下去的鬧鐘。

後來的旅行越住越簡陋，別說電視，很多時候連窗戶都沒有，浴室也要與別人共用，在穿著四角褲要去浴室的走廊上撞見圍著浴巾的外國女生也很正常。我才發現，做愛聲音讓隔壁聽見不需要害羞，甚至連房門都可以不關。這一切在拷山路都很合理，唯一不合理的是樓梯口的告示：「泰國女孩禁止上樓」。

我沒進過拷山路上任一家酒吧，頂多住過夜店樓上的旅館，至今我還是沒有試著融入「他們」，所謂他們是指夜夜飲酒狂歡的洋人。曼谷一直是最受歐美人歡迎的旅遊城市，因此英語才是拷山路的官方語言。洋人在此據地爲王，比在自己的國家還自在。亞洲人在拷山路只是少數，有種手腳一直施展不開的彆扭。彷彿建中或北一女學生考上台大後，發現全班有一半是自己同學那種熟悉感，於是落單的南部同學就得孤軍奮戰。一個隻身的旅行者旅行要融入一群人得費點力氣，我承認我有亞洲人的自卑感。他們能夠盡情歡樂的模樣是我羨慕的，大聲吼叫左擁右抱語無倫次情緒失控，那種將內心徹底掀開的暢快感一定無比迷幻。也只有那樣的人，才能四處爲家。

很多背包客的旅行都是從拷山路開始的，這裡像個自助旅行者的國家，有自己的語言和面對世界的態度，這裡不會有人問你怎麼成天旅行不必工作，大家都用自己要的方式在過活，都還有能力做夢。這裡的過客來來去去龍蛇雜處，就如你原來該在的位子所面對的社會一樣險惡複雜。但旅人相對天眞，就像電影《海灘》裡的李奧納多，認爲藏寶圖是眞的，相信海角會有他想要的寶藏，走過愈多，就能得到愈多。像不買書也能讀遍圖書館的每一本書，當全世界都是他的，要有多富有就能多富有。

拷山路上有一家二手攤大大的看板寫著：「我們什麼都買。」書籍、衣鞋、睡袋、旅行箱、登山杖，他們收購離開的旅行者不需要的東西，賣給剛來這裡需要的旅行者。分手以後，整個旅行賣得掉也買得到，這裡收留了昨日走過世界的片段曾經，並且明日又將啓程。拷山路，是一條不停降落又起飛的跑道，一個被世界經過的世界。

c09 窗外的兩面風景

這是一家位於拷山路巷內的小旅店，即使名字掛著 Boutique 當綴飾，它也只是眾多廉價小旅店之一爾爾。

巷口掛著張揚出挑的招牌，長約二十米的鐵皮頂窄巷也做生意，賣些首飾、衣物、紀念品，還有幾台給背包客投幣上網的電腦。在拷山路上並看不見旅館的樣子，穿過巷子才是一個由三棟房舍圍起的寧靜中庭，與巷外吵雜的高山路有明顯對比。

右側建築一樓是開放的半室外空間，接待櫃檯就在其中，空間配色溫暖清爽，牆上貼著幾句羅馬拼音的泰語問候教學，幾組小圓桌和一個可隨意躺下看書、看電視的木造平台供背包客休憩交流。小小室內堆置了數個寄放的登山包，旅人四處坐臥歇息，憑空間的直覺，這裡是個頗具人氣的好旅館。

拿鑰匙開了房門，小房間內僅有一張小茶几和單人床，眼前兩扇木推窗外的風景令我遲疑了半晌。隔壁棟極度緊鄰的屋頂，瓦片如魚鱗圖案壁紙貼滿了窗戶玻璃，瞬間我出現了想換房間的念頭，但我沒說出口。卸下包包，將兩扇窗完全推開，安靜放鬆的坐在乾淨亮白的單人床上，靜靜的，涼涼的，不一會就睡著了。

醒來時已是下午四點，我仍望著窗外蔓延的屋瓦。風順著屋頂的角度吹進房裡，沒有因爲阻擋而悶熱，雖然視覺無法遠眺，卻多給了分隱私下的安全感。一陣喀啦聲響傳來，不知哪跳來的野貓在窗台與我四目相交，牠知道分寸也防著我，沒有跳進屋裡。魚鱗般的屋瓦引來黑貓的演出，一段鮮活插曲，著實有趣，閑靜的氣氛隔開了花綠繁鬧的高山路，我漸漸習慣這兩扇另類的風景。

地板和牆壁都貼上了好清理的瓷磚，旅店確實乾淨沒話說，不過街上Pub的重低音喇叭不到深夜兩三點不會停止，早睡養生一族不屬於這裡，但想就近盡情玩樂的背包客還是塞滿了每個房間。跟城市一樣，每個環境都有適合的人投其所好，旅館沒有好不好，只有適不適合自己。

我想探究到底是什麼原因讓兩幢建築如此靠近，把頭探出窗外左右觀察。其實隔壁棟建築並未緊貼，但當後建的房舍築起時，才發現舊建築出簷的屋瓦已經伸進了基地線內，只好讓新建的三樓牆壁退後一步，預留內凹讓鄰棟屋瓦伸進新建築體內來。若蓋起房子這種正經事也如此隨性，我更知道我爲什麼喜歡這國家了。

窗外的風景安靜持續不曾改變，一念之間看見風景的兩面，這應是旅行教我的，那麼我期許能看見兩倍的風景。

c10 車上路上四則

河內，機車。

以還劍湖爲圓心繞圈，不以速度分道的路上均勻梳滿穿針而過的紗線，那疊起的引擎聲細密如簾幕圈隔了中央的大水池，園內遊人自不聞城市的嘈雜紛擾。要到還劍湖公園非得穿越馬路，滿道機車匆匆看似橫衝直撞，其實細瞧竟是溫柔如歌。若台灣的機車是割破疾風的子彈，越南的機車則是水族缸裡優游的魚群。

在河內過馬路只須保持一定速度緩緩向前，迎面而來的機車就如閃過搖曳水草的魚兒划過身邊，不鳴喇叭也不減速，和諧在持續運轉中維持著動態平衡。我經過機車，機車也經過我，兩種速度與方向不同的行進於是織成了柔順的網。

我拿起相機步入車陣錄下向我而來又離我而去的眾多面孔，躺平的拋物弧線拉得長，那動作與跨越是溫雅從容的。雨天時，雨衣是一片寬大的荷葉裙襬，連同騎士與機車一同罩上，前方留了透明方孔給大燈，一朵朵塑膠球就像七彩電動花燈在河面上划動。

自還劍湖旁速食餐廳二樓望去，空調大方吹送，落地玻璃隔絕了廢氣，沿湖繞行的機車像兒時玩具般有趣耐看，顧自轉動，心頭浮躁也沉了下來。

永珍，巴士。

昨天來問過了，往旺陽的巴士現場購票上車，沒人認爲會客滿，預定這文明的麻煩事對單純的寮國來說有些褻瀆。T提早送我到車站，我與幾斗貨物先上車占了位，其他熟客出發前才會現身，車下遊蕩發呆伸懶腰的某人也許就要去旺陽，沒有必要在沒空調的車上悶著。親自到車站搭車，多與本地人同車；若向旅館買票，同行的就會是滿車白人遊客。巴士發車遲了些，車子正要轉出車站，一位年輕人才提著一袋飲料急忙跳上了車。

車往城外開，風往車裡灌，油綠綠的景色看膩了，遂無聊觀察起車上乘客。車內六成滿，男女兩兩一組安靜坐著，小孩不吵不鬧，沒人把手機擴音放出音樂，對話只是輕聲細語，坐姿乖巧自律，彷彿整車幼兒園的好寶寶就要出遊。這是最便宜的公共巴士，不擠不鬧不亂不臭，原來貧窮和失序是兩碼子事，我是被印度誤導了。若寮國人是《哈利波特》中的葛來芬多，那越南人就是史萊哲林。

中途在公路旁停車休息，卻不見任何休息站或廁所，男生到車後草叢避個角度就地解決，女生在草地上鬆開沙龍圍遮蹲下的身軀，是自備了專用流動廁所。等唯一的日本人抽完一根菸，三分鐘後車子又繼續上路。

曼谷，計程車。

「By meter ?」在車窗邊確認了才上車。

自是隆路到拷山路頂多八十銖車資，於是有些司機不願在深夜載短程。來曼谷好幾次，也遇過繞路的司機，拐了大半圈又遠又久，繞回拷山路也才一百銖不到，就不計較了。

這次上了桃紅色車，也許是聽到我和R的中文交談，司機關掉原來聽的泰語電台，喀擦推入一捲錄音帶，超級熟悉的前奏響起，竟是郃正宵的〈九百九十九朵玫瑰〉。我認爲是司機有的中文歌有限，應該不至於細膩到視乘客年紀放歌吧，〈忘情水〉、〈花心〉、〈新鴛鴦蝴蝶夢〉一路接續播放，全是六年級生琅琅上口的懷舊金曲，我是他鄉遇故知的倒背如流，「花花世界，鴛鴦蝴蝶～～」這裡可是曼谷，我竟在計程車裡大唱起我的青春期。

窗外閃過氣派的民主紀念碑，〈用心良苦〉還沒唱完拷山路就到了，跳表七十銖剛好兩張紙鈔，否則我該多給小費讚賞司機如此貼心取悅他鄉遊人。

司機一路冷靜話無半句，不知他準備了幾個國家的錄音帶？

曼谷，公車。

自拷山路搭79號公車至暹羅廣場，無空調車只消七泰銖，單手拿著棒狀錢筒喀拉喀拉出聲的車掌會主動靠過來賣票收錢。報上目的地、給錢、拿票、找錢，紙鈔摺成細長條夾在指縫間，硬幣吃進錢筒，闔嘴時順便切斷成捲的車票，並在車票邊緣撕開幾道缺口，標註你的票價里程。這連續動作都得在混亂擁擠的行駛車廂中進行，人多時乘客不停的上下，車掌也不停的收錢，不怕收不到錢，因爲曼谷永遠在塞車，多的是時間。

穿著整齊制服的公車車掌是我最喜歡的曼谷風景之一，女著過膝窄裙，男穿長西褲，一律白襯衫黑皮鞋，肩章胸章皆精神齊備。多了車掌讓司機在塞車時有伴聊天，外地乘客也多了隨車諮詢，即使英文不通也總有辦法告訴你何時下車。

有回遇上穿著橘色袈裟的僧侶上車，車上已無座位，我直覺應該讓座，但人卻沒起身。猶豫不到三秒，一旁泰國男子就糾正我不該讓僧侶站著，我立即讓位並道歉。

我懂文化禮節，也無意占據座位，但不懂爲何讓座（這個動作）是令我「難爲情」的事？

我深深自責。仔細推敲回想，也許是在台北那些主動讓座被拒絕後成為眾人目光焦點自作多情又進退兩難的尷尬經驗使然吧。

「你坐你坐！我下一站就下車了。」

上船領域假設法之分析與初探。

「第一次來曼谷嗎？」

「不，第七次了。但這是我第一次來運河搭船。」

「是嗎？搭船比搭車快多了，尤其到空鐵去不了的地方，可以節省很多時間。你也知道曼谷的馬路跟停車場沒兩樣。」

「嗯，以前只搭過昭披耶河的交通船，沒發現這裡還有條運河。」

「對啊，觀光客比較少知道這裡。上下班時間滿滿的都是本地的上班族和學生呢！」

「你站在船舷上收錢的時候，船速這麼快，船身上下起伏這麼大，不怕手一鬆掉到河裡嗎？看起來很可怕。」

「怎麼可能！小時候我就住在運河邊，衝出後門就可以跳進河裡游泳玩水，運河就是我家後花園，我們熟得很，就算掉進去也無所謂吧？」

「哈哈哈！是臭水溝吧？現在觀光客要是被河水濺到，就好像皮膚會爛掉一樣，怕得要死！」

「就是啊，所以才要設計這個可以升降的塑膠布，上下船時降下來，行駛中升起來，就像淋浴時的浴簾。」

「很特別！可是藍色帆布把風景都遮住了！我沒辦法拍照很可惜。」

「沒辦法啊，凡事總無法兩全其美。有人嫌水髒，也有人抱怨看不見風景。」

「那用透明塑膠布不就好了？你說的這兩種人都是觀光客，曼谷人呢？他們喜歡運河嗎？」

「越來越多人喜歡在空鐵上玩手機上臉書，搭船也一樣，才沒空看運河風景哩！」

「說的也是，就算人就坐在對面，也要用手機打字聊天，近況更新的速度比風景還快。」

「小心！蹲下！船頂要下降準備過橋了！」

船邊構造未來式之應用與發展。

「你都來這邊釣魚嗎？這裡魚多嗎？」

「嗯……釣不釣得到我倒是無所謂，你不覺得貨輪來來往往很壯觀嗎？」

「的確很有高雄的感覺。那如果你是來看船的，怎麼還要準備那麼多把釣竿？」

「釣竿就像八卦陣，這樣比較有氣勢，大船汽笛一鳴，穩穩站得住腳，別人也會覺得我眞的在釣魚。」

「你是船員嗎？爲什麼喜歡看船？」

「不是，但我爸爸是。小時候吵著上過一次船，那次我吐得七葷八素，就決定我以後都只要待在港邊看船就好。」

「得到了，結果不是你想要的？還是你不喜歡？還是你害怕？」

「我父親說我不是活在船上的命，要我用功念書找個好工作，別像他整年都不在家。」

「所以你就沒有再上過船了？」

「嗯。」

「過了這麼多年，說不定一切都改變了，你應該再上船去看看吧？在這裡看船還不如多吃點海鮮來得有意思。」

「我還眞的滿想看看我父親眼中的大海，他說大海可以是床也可以是廁所，轉了三百六十度，沒有任何船隻、陸地，一隻鳥、一朵雲都沒有，那是什麼感覺？」

「上船吧，別在船邊假裝釣魚，或釣些其他的什麼跟什麼。」

「白天是藍色的，晚上是黑色，應該很單調吧？會不會很無聊？」

「那你覺得在船邊假裝釣魚比較無聊？還是在船上一望無際比較無聊？」

我常來曼谷，每次一定有新的市集或商場可逛。曼谷城大人多，全世界的旅客都想來曼谷，曼谷不只是曼谷人的曼谷，而是全世界的曼谷。遊客要買曼谷，曼谷要賣全世界，於是曼谷對於市集商場的繁殖力極強，從花俏的超大型百貨公司、千篇一律的觀光商場、當地傳統草根夜市、創意設計市集，每一種都非發展到極致不罷休，一個接著一個在城市裡的角落、空地、巷道、建築冒出頭。

曼谷的市集不只有便宜貨，還有生猛的新鮮創意。從上到下都做設計，設計不只出現在高尚的精品店裡，連夜市的攤位都顯露天生的品味魅力，人人都是藝術家，設計師也在夜市擺地攤，藝術是百姓的技能，不是身分的標籤。曼谷之所以吸引人就是設計誠懇，不高高在上。

跳蚤市場不見得講究設計美感，但鐵道市集（Talad Rot Fai Night Market）就是個極美的二手市集。位於恰圖恰週末市集附近，但卻發展出更精緻的風格與主題。一樣只在週末營業，成排的鐵路倉庫包圍著空地，水泥地面上還看得到舊鐵軌。最早入主的商家看出此地的故事性，在倉庫裡賣起骨董舊貨，開了復古主題餐廳，漸漸也聚集了相同品味的攤商。整個夜市賣的東西雜而精緻，整體風格明確且動人。

曼谷的夜市風格通常是慢慢營造的，而非一空降的政策所規範而來，所以商品內容不見得專屬舊貨或設計師作品，只要合得來則留，格格不入終將被市場品味自然淘汰。

就因交通位置不明顯便利，鐵道市集的外來觀光客不多，來的多是當地的年輕族群，在曼谷已有相當知名度。一片離市區有段距離的空地，每逢週末舉行的文藝復古嘉年華會，像黑暗裡亮起的孤島村落，雖是個可買可賣的市集，但攤位門戶美不勝收，展覽的意味異常濃厚。

包含家具、器皿、飾品、玩偶公仔甚至汽機車零件，鐵道市集以舊貨爲主；服飾、配件、燈飾、擺設等設計師的創作品爲輔，有些冰品飲料小攤和露天擺桌就能吃到的印度或伊斯蘭料理。夜市分爲有店面的倉庫與露天的廣場，倉庫多售較昂貴大型的骨董家具，廣場上攤販的商品則較貼近生活。廣場上的攤商雖沒有房舍隔間，卻不因夜市而輕率隨便，在這裡的攤販個個有如舞台奇招盡出，布景設計之講究也是攤主自己風格的展現。一台骨董車載貨兼充當背景，沙發爲主景界定了空間氛圍，一旁俐落的單速車提點了個性，小茶几與杯盤則潤飾出生活臨場感，野餐鋪巾花色的挑選也得搭配今日主題，復古立燈打下來的黃光終讓攤位有了溫度，而老闆就在這客廳裡招呼拜訪的客人。

有的走率性路線，掀開後車箱或架起一卡舊皮箱就能做生意，太陽眼鏡、皮件、鐘錶、相機風格嚴選，賣的都是老闆的心愛珍藏，彷彿剛從他身上取下來似的，本人就是最佳代言人。飲料攤的設計也講究，矮桌木椅櫥櫃瓶罐精挑細選，端出來的飲料和冰品，淋上果醬煉奶的花樣都是設計的細節，尤其繽紛的南洋色彩如何不突兀的並置，這裡是最好的範本。

夜市逛得過癮，走過一間一間漂亮的房間，像翻起雜誌看空間設計師的作品，完全忘了這是個可以買東西的夜市。如果要買個夠，可能要訂個貨櫃運回台灣才過癮。鐵道夜市的經營，存在一種格調氣質，已非單純的買賣，選貨、構思、改造、陳列，每道動作的決定都經過美化多了趣味，這些善意情節讓掏錢收錢更心甘情願。即使不買，顧客欣賞的眼神笑容，也足夠讓老闆獲得滿足的成就感，夜市身兼傳播美學媒介，顧客也免票看了一場精采的在地生活展。

泰國人知道自己生在熱帶，茂密的森林和炙烈的陽光是那些發展正統藝術的歐洲國家沒有的，地大物博，顏色看得多，於是泰國人設計是亂的、亮的、滿的、充滿生命力的，不走低限主義，也非陰翳美學，就算華麗風也不是宮廷內那種正經八百。泰國的風格永遠有一種爆炸的動態美感，並且無法預測花火噴發的高度。如今，高度國際化讓曼谷原本的大雜燴更飽滿了，粗獷親民的設計也越趨精緻，但終究是以庶民風格爲本。

有一天，它們發現家裡倉庫的老東西竟然大受歡迎，破爛老舊竟是全球化之下的充滿異國情調，於是曼谷人開始重新審視老東西，並用天生的美感加點都市學來的潮味把它們放對位置，形成東南亞獨有的風格品味，不高高在上，連夜市也美得像展覽。

注——此鐵道市集已於二〇一三年遷址至 Seacon Square 後方。

c13 泰式奶茶的美麗與哀愁

美麗。

處處留情，如我。

各地怎麼可以都有你迷人的香氣和顏色，就如一杯奶茶。香港、新加坡、印度和泰國，伸手叫來一杯茶，奶不必吩咐，是理所當然。那味道我無法嫌棄，是獨門祕笈精準送進我味覺間的縫隙，每天都得送來三兩杯解毒，而後喉頭送出低沉的享受嘆息。在泰國，是滿杯的碎冰灌進 Espresso 般的濃厚茶湯，淋上豪氣的大半罐煉乳和奶水，橘紅色的奶茶叫做 Cha yen。那是我學會叫你的第一句泰語。

不消半分鐘，看似滿足的冰涼就會不見，舉起杯子往眼前上下晃動，還有八分滿的碎冰在塑膠杯裡窸窸窣窣，即使視線穿透凝結的水滴到對岸，只是一片消散前的冷凍霧氣。美麗的顏色消失殆盡，殘存半透明的濁白滑落杯底。

哀愁。

那天我在台北的流理台前，心碎。

我自清邁傳統市場買來一包泰式茶葉，以爲五十泰銖就可以帶回橘紅的道地。留情容易相處難，一個天天老是在外的單身漢，廚房、冰箱和感情一樣貧瘠，爲了你得付出多少努力。濾茶包、砂糖、煉奶、奶水、製冰盒，甚至連開瓶器都沒有，煉奶就瞧我拿著螺絲起子往他頭上猛戳，買不到奶水拿來奶球代替，辛辛苦苦拼湊出你的輪廓，卻只有心酸的顏色還算可以。漏出的茶屑順著筷子僞裝的攪拌棒旋轉，一圈、兩圈、三圈，而後墜入杯底。

要是別人在捷運上看見我提著那一個用兩元加購來自超市的塑膠袋，沉甸甸的，應該滿幸福的吧？其實那是我爲了模仿你還在的回憶。

c14 凱特J

我喜歡收到朋友自旅途中寄來的明信片，尤其是意料之外的。出發前沒有問我地址作爲預告，更不須在他的臉書上舉手報名登記。若朋友會在花花世界裡想起我，然後捎封信來，那是再開心不過。

凱特J就是這樣的朋友，他總會在旅途上記得寄上一張我喜歡的明信片來，寫下幾句溫暖的話，通常是我們面對面時不說的話，因爲我們不走勵志溫馨路線，永遠直來直往。連他被甩了來我家哭訴，我都能爲了急著赴約將他趕出門，十幾年的交情總是建立在數落與玩笑上。所以把不好意思說的眞心話寫在旅途的紙頭裡，以爲拖延了時地就能化解尷尬。

每次旅行都會記得寫明信片給他，這次寄了三張。其中一張寄自河內，正面圖案是越南傳統木偶臉孔的特寫，還讓他抱怨太過陰森可怕，只好反貼在書桌前。他的地址從上次印度行的林森北路換到了浦城街，男朋友也換過了一個，人事地物跟著變遷，彷彿我們就在彼此交換的旅途中長大老去一般，又過了好幾年。

J在我上一本書的第一章就曾出現，印度這個目的地就是他嫌咖啡很甜後隨意脫口而出的。如今再次上路、寫第二本書，多少與他有關。我們都是留在台北的台南孩子，在異鄉的日子已將多於故鄉，因此我們都不安於室，暗地裡放任自己習慣漂泊。

開始把J歸類在可以談旅行的朋友，起因於我的首次自助旅行。

「告訴你一個祕密，我下個禮拜要去東京。」第一次要自己出國，我愼重又神祕的特地打了電話告訴J，彷彿這是天大消息似的得意洋洋。

「我下禮拜也會在東京耶。」沒想到我被J平靜的口氣反將一軍，他好巧不巧也安排了祕密旅行。

我們定了一天早上十點相約在東京都廳前廣場，只一起出遊一天，其他日子還是各自旅行。那個年代沒有智慧型手機，即使我遲到了近半小時，我們還是在東京完成了「刻意巧遇」。那天他被我拉去看了丹下健三的聖瑪利亞大教堂，令人鐵腿的建築朝聖，讓他毫不留情的抱怨喊累。

後來J去了墨西哥、德國、京都，我則繼續我的亞洲計畫。有回在台北接到J的電話，他興奮的要我聽話筒裡慕尼黑街頭藝人的低音管樂聲，我們的友情應該值得讓他打這通國際電話，分享他耳中我未曾拜訪的慕尼黑。不管是否因爲寂寞無聊才打來，但我還是很高興能在滿是誘惑的旅行中被記得。

J在傳播圈打滾多年，後來加入了電視台行腳節目的工作團隊，這次行程剛好在泰國和我的旅行部分重疊，於是出發前就期待著第二次在國外的「刻意巧遇」。

由於J有工作在身，能碰面的時間已是深夜，我們約在曼谷沙拉當站旁一家二十四小時營業的咖啡店。他對曼谷不熟，但計程車司機對觀光客很熟，即使他說成了「沙拉棒」還是到得了。J與我和R三人就在曼谷有了一場快樂的深夜中文聚會。這回換成J抱怨工作。同是旅行在外，工作壓力還是無法讓人放鬆享受異國。

因爲在越南就丟了錢包，我順便託他帶來了五百美金救急，雖然最後沒用到，但在國外受到朋友的幫助比任何平安保險都來得感恩。

有圖有眞相，丟著還沒結帳的蛋糕飲料，請R幫我們在空鐵站出口拍了合照，爲了背後的泰文站名一定要清楚入鏡，閃燈把我們亮得滿臉油光。兩個台南人在曼谷的合照沒什麼，但能在不是台灣的世界某處和朋友相遇，和J已是第二次。我們有一種奇特的緣分，像兩條扭曲的航線，平常聯絡得不特別勤，偶爾旅行時卻能碰頭。許是關於旅行，我們存在著默契。

J是日本作家伊坂幸太郎的書迷，我則喜歡擅於描寫池袋幫派的石田衣良，但我們都喜愛吉田修一筆下的城市疏離。擷取一段沒頭沒尾的平淡日子爲題材，主角平凡的遭遇微觀讀來就極爲細膩有味；反之，只占日常十分之一不到的旅行自由，就能被放大而撫慰了庸庸碌碌的生活。這相遇是一個別致的蝴蝶結，在我的旅程裡，在J的工作中。

相遇的隔天，我和R又到甫開張不久河岸商場找J，他的節目正在那取景。由柚木倉庫改造的商場明亮歡樂，占地廣大裝修講究，比起之前簡易鐵皮搭蓋的曼谷夜市又更高檔舒適了，幾個銀閃閃的霓虹字母在黑夜河岸邊發散著興奮光芒，曼谷再大再多的商場只要交通方便永遠不怕沒有人潮。

我和R充當節目的臨時演員，坐進復古的噹噹車裡協助錄影，一高一胖的諧星二人組主持人在車子前頭發出觀光客口吻的驚嘆與讚賞，三分鐘不到車子就開到了碼頭邊，錄製的段落也喊卡完成。電視裡扣除廣告一集四十五分鐘的節目，得靠團隊工作好幾天才能完成，J和團隊已經在泰國跑了好幾個景點。這趟預計完成五集節目，爲了聯絡各方單位壓力時間都非常吃緊，尤其曼谷的壅塞交通更令他們頭疼。

趁著空檔我們和J說再見，看他連抱怨的時間都沒有，就又被叫去換攝影機帶子了。這個新工作雖然能走出台灣看世界，但J做得並不開心。在我眼中J已是個隨和好相處的人，而電視工作對他來說早該得心應手，或許工作場合中眞實存在著磁場，不契合再使力也是白費。

上接駁船前，我搭搭他的肩，給個擁抱，說聲加油。不是要他在工作上加油，而是希望短暫的聊天打屁能抒發點壓力，至少有個朋友千里來到曼谷探班，雖然只是順便，但也值得欣慰了吧:)

這相遇不在黎明時也非日落時，曼谷看來也沒巴黎或希臘來得浪漫詩意，我們也只是會互相吐槽的壞朋友，但至少下次相遇的地點還令人期待。彼此截然不同的旅行口味，何時又何地才會再重疊呢？

給親愛的凱特J，我把你寫在書裡了，藉著正經的書本說些心裡話。希望你未來都順利快樂，再也不會因爲分手而需要訴苦，並且在下個冬天就能踏上你最愛的布拉格，那是布拉格最美的季節。

c15 集市上水

在網路上搜尋起安帕瓦水上市集的資料，出現的盡是部落客的吃喝玩樂介紹文，翻了幾頁找不到我要的史地資訊，即使切換到英文也沒有。反倒流行什麼連查都不用查，就知道去安帕瓦要買一款標註著生日的馬克杯，一年三百六十六天，哪怕二月二十九都齊備著。

當然安帕瓦會有歷史，只是在我找著前已耐心盡失。觀光旅遊也是如此速食，吃吃喝喝買小玩意，把地方當背景用相機掠走，旅遊是掠奪式的產業。只要能買能吃，旅伴好聊，旅遊好像就盡興了。但如此令人心虛，怕被批評膚淺，於是要有理由支撐，古城老街、山邊水上、異國風情等等特色一定要有，表面上是旅遊重點，其實只是吃喝時的布景，大光圈美食照片後模糊的漸層色塊。那些當地的日常，是積疊了好久才有今日的豐富色彩，如今淪爲第二線配角，並且早已習慣如此並不覺有何不妥，這本末倒置也令人無奈唏噓。

我問起R，若日後要帶媽媽來曼谷，有哪兒適合去的？R說安帕瓦。輕鬆的語氣就像週休二日去九份或淡水理所當然。安帕瓦的確是個適合兩人以上走走的好選擇，簡單輕鬆的旅遊模樣，不無聊的風景沒有壓力，光見到船上賣東西就把驚嘆號用完，走走、過橋、走走、拍照，然後吃吃喝喝。若一個人來就請避開周末，否則就像一個人坐在《鋼鐵人》第三集首映的戲院裡，儼然被盛情排擠的落水狗。

我和R兩個人中午才從曼谷上了小巴，到了美功一頭霧水還巧遇了鐵道市場，轉搭雙條到安帕瓦已是下午三點。那天剛好是週五，水上市集從無到有的時間邊界，我們就看著遊客慢慢湧進，船市漸漸聚集。兩個半小時內短暫的看到了安帕瓦的兩面，濃縮快轉的換幕，運氣也取巧。和朋友來玩與自己走不同，環境噪音要得調至適當的音量，安帕瓦的確具備這種濃淡適中的無害親民個性。

在安帕瓦鮮少見到西方遊客，甚至有小販能用中文叫賣，原來，這個受華人歡迎的景點尚未收錄在《寂寞星球》裡。這裡也是泰國人周末的「淡水」，說廣東話或普通話的華人加上說泰文的當地人，搭配水鄉搖船與吃食文化，讓此地是徹底的南洋亞洲風。

常有中小學生穿著制服在此集體行動，應是鄰近學校下課後的偷閒玩樂。「ㄋ一好～～」我耳邊一聲語調輕蔑的中文，是泰國人的鸚鵡學語，出自身旁經過的男同學口中。在國外聽到中文問候理應感到親切，不過此時我卻感到不受尊重，彷彿華人遊客大批入侵入了家裡後花園的反諷之音。我不該與小孩計較，是我外來自卑心態作崇。

所有人玩樂在水世界，以舟爲車，以河爲道，槳作雙腳，集市上水。車有車庫舟有船塢，河邊棧道一座小棚裡就掛著活動繩索吊起的木船，滾輪一鬆即可降至水面，漲潮退潮都不成問題。但遊船河兼可享受腳底按摩，這就是泰國奇觀了。

我們沿著河道左去又回，家戶門前方寸串起彎斜騎樓，騎樓以內是歷史浸潤的幽暗長屋，騎樓以外是斜陽輕灑的綠波水徑，每戶一座短梯斜撐河面，有如前院的另一扇門。木屋老房一路上看得多不稀奇，不論河海池塘，傍水而居就是吸引人。來來去去的船隻把店鋪載著跑，在水面上順暢的滑動充滿了自由詩意的漫想。反之，我們靜止不動，只等攤商靠過來即可，彷彿不伸手食物就送進嘴裡般被服侍著。動者靜，靜者動，改變了空間常態的相對關係就有趣了起來。

伸進河水裡的階梯變成附小餐桌的看台觀眾席，位置不多一小群人挨得緊，從上到下漸次排開，七彩陽傘綻放，接至水際船隻簇擁開出一叢散發食物香氣的花，在水一方的迷濛竟是食攤炊火的縷縷白煙。我們叫了烤花枝和炒麵來吃，這裡的花枝沒有台灣捕撈的肥美，沾著又酸又辣的醬汁吃進泰國味也乘機想台灣。

天色轉至靛藍，河上燈火如螢火蟲般漸次倏忽亮起，自橋上送進的遊客越來越多，小鎮已上好妝準備迎接歡愉熱鬧的周末，我們與她擊掌換手，在天徹底黑下來之前擠進回曼谷的小巴。

據說安帕瓦天未亮的清晨有僧侶划船沿河托缽，那是與傍晚世俗民生迥異的畫面，我沒遇上，那應是安帕瓦未施妝粉之時。旅行時總想親見不因觀光變質的當地風景，不過怎能排除自己就是遊客的事實？行旅遊之實又不擔旅行之名？著實矛盾。我偶然間發現「旅客」和「愈擠」的台語發音恰巧相同，這幽默玄機一針見血。

短短半日遊，想起船隻緩速漂泊的啓程之時，但自由的風吹不散眼前的喧囂躁膩，又怨起遊人趨炎跟風的矛盾。文章一開頭就罵人，其實說的也是自己啊。

我常嚮往山裡的湖泊，緣起雨中初訪日月潭，直擊那窪山中溢滿的湖水，當下的開朗豁然，已是植入肌肉底層的寓言晶片。水像被手掌高高掬起離開紛擾的地面層，迷濛山霧披覆湖面，涼爽溫度讓地心引力也減輕了，特別無憂有感。日後我開始尋覓這類模式風景的排列組合，我懷念的，我收藏的。

寂寞書上說，早先這裡的水讓水壩圈住淹沒了村莊，有條長長的木橋到對岸，有座廢棄半淹在湖中的古寺，有源自緬甸的孟族人，全都在路的盡頭。聽他形容起桑卡拉武里，有如一個無人聽聞的歌者唱出入魂的清亮歌聲，書上沒附地圖，更迷幻了。從曼谷岔路反向往北，好幾個小時的車程別無選擇，對外的交通就僅此一條，另一側就是通往緬甸國界的山口。這裡不在遊人的路線上，須特地拐彎逆行而上，極不順路且耗時，這是場誠意的試探，過濾了只在乎 CP 值遊客。

自北碧轉搭小巴，車子往上爬進山路，城市裡大鳴大放的烈日逐步退縮，終至闖進飄下雨絲的林中，車駛得急狂，雨降得輕緩。十二名乘客漸次下車，最後抵達桑卡只剩三人，除了我還有兩個泰國人，一位從未來過桑卡，一位是來找當地朋友，而我算是慕名而來，也是循著心中那湖水而來。終點站是一幢位於轉角的無奇小屋，沒有等候離去的人，也無招攬生意的掮客，到站乘客各自散開後就看不出是個巴士站，清寥大街飄著小雨，我沒有地圖不知身在何方，卻不急也不憂煩。

走了幾步路，進了一家咖啡店，小店前庭的水泥地板等距鑲了圓形馬賽克磚，有點不尋常的文藝氣味。坐下來點了杯熱拿鐵，三十五銖，才問起老闆該去的旅店怎麼走。這村子彷彿鋪了軟墊，街道用難以察覺的斜度緩緩躺在坡上，土地吸飽了大把的從容，怎麼使力也走不快，是所謂的步調吧。

隔日下午，老天依舊陰雨，我從湖邊的船屋聚落上了船，要去看那湖中的古寺。

水上人家如水生植物叢生湖邊搖船爲業，屋舍成排直橫相扣，平地上原本是院埕之處平鋪著甸綠水面，開敞的迎接日光照射。屋間接續的棧道隨著水波微微起伏，末端就是船隻離岸的碼頭。水面開不了路、種不了田，因此留下極寬極遠的視野，不登高就能遠眺，划水就可達四方，表面上處處爲界，其實擁抱了更大的自由。

船夫是個小伙子，還帶了妹妹一起上船，他們用緬文聊天，我看我的風景，船頭船尾兩個世界。抵達古寺途中，我失心瘋，狂按快門好像搶購花車商品的OL，遠近囫圇山啊水的先搶先贏，在那平靜風景中我的急躁和船的馬達聲音顯得同樣突兀，胡亂抓下來的風景就像摩斯播放的輕音樂一樣過耳即忘。

抵達古寺，船夫熄掉引擎，讓船泊在湖心，瞬時的寂靜彷彿暈眩時聞到一縷薄荷香，才讓我醒來見到這當下。我與缺了屋頂的古寺同高，若古寺香火還在，我現在就浮在空中，舟身如雲朵輕晃飄搖。五分鐘過去，船夫用手攀住一棵凸出水面的枯樹幹，使力一撥迴轉了船身，準備反向回程。他不諳英語無法導覽，是要我把相機和雙眼收闔，打開毛孔和耳朵，無聲比喧囂更需要傾聽。

我羡慕船夫的自由自在，想停想走隨心所欲，若有水面上的雙腳，掌舵任行，我就能看到更多的風景。回程中我要求在長長木橋前停下，西邊落日伏至橋面下，繁複搭接的木結構織成了濾網，在柔軟波動的水面灑下一片金箔亮影，自然的樸實景色竟暗藏奢華味道，透露這世界第二長木橋才值得這近晚燙金的驕傲。

坐船望橋，橋上人行與船上客泊，停與行之間的玩味，這不就是我為自己標註的旅行形象，如今有幸置身其中。

水淹古寺，也淹了心頭寺，廢墟與遺棄，無人能擋的楚楚憐意，光想像就已是夢幻美景，但老實說這景還是存在心中詩意得多。下船後我立即為方才的漫不經心感到懊悔，嫌雲太厚、恨相機不好、氣角度不對，遊客整個很忙，恨不能再重遊一次。

無論如何初見已逝，那場分心的景致在搖晃中凝結，有殘影，有模糊的輪廓，有雨滴的光暈。那是我不合宜的步調，太急、太貪，齒輪的刻度過於密集，契合不上悠然的寬闊。

平時我們看的人太多，眼前的景太近，城市聒噪多話，見到無邊際的平坦湖水反而像遇到了水怪，然後心慌無措還得故作鎮定。就當是下一場風景的預習吧，原來更慢、更不在意需要練習。期許回到陸地以後，儘管腳下再顛簸晃蕩，心中的那湖水還能因遠方穩定的引力而持平無波，這，更需要練習。

只要來到「未曾聽聞」之地，我都認爲是緣分。那些壓根沒聽過也不知所以的地方，經過一點書上的文字側寫，我就執意來訪，在曲折遙遠的途中逐一探查任性建構起的山水地物，儘管抵達終點所見的往往不盡相同。這並非拿美景來宣告我的輸贏，而是顯示我擁有恣意探索的籌碼。來到桑卡拉武里是如此，來到三塔山口更是如此。

三塔山口是泰緬國界上極少數的天然隘口，想要一訪此地，彷彿走過一遭儀式，小聲的說聲抱歉，聊慰我將緬甸於行程中刪去的遺憾。

桑卡到三塔短短一個小時，一天有幾班車來回。論民族不論國籍，乘客幾乎皆是「緬甸人」（孟族或克倫族），男人腰下穿著龍基，女人兩頰塗著特納卡，他們出城進城也可能是出國回國。雙條外的風景像卡通片裡如波羅包微微鼓起的綠野青山，道路在小卡車後方拖曳出一條長長的地毯，兩旁常是整齊種植的柚木林，路上少有別的車子，風光獨享，一路就如鮮乳廣告敘述的純淨無染。中途一位大叔上車，身著運動短褲、黑雨靴，揹著一簍不知名的綠色果子，對面大嬸向他買了幾個，在搖晃行駛的途中把果子裝了小袋，一場市集交易就這麼在車上發生。我靜靜看著兩人的互動，這應該日常不過的風景，在我眼中是如此稀有，足以珍藏。

抵達三塔，車停在充當小巴士站的雜貨鋪前，付了車資三十銖，司機告訴我緬甸往前走一下就到了。緬甸兩字對他來說是個地方，對我來說則是另個國家。

不寬的大街沒有車子，幾片垃圾在路面飛竄，一片荒涼景象。安全島的底端佇著一座警衛亭，裡頭的士兵低頭打盹，泰國道路在此終結，前方即是三個佛塔和邊境商場，右邊就是往緬甸的關口。鐵柵門拉至只容一台小客車通過的寬度，一旁立碑宣告國界在此，好似環圈相扣的緬甸文下是我能閱讀的「Union of Myanmar」。

我一面拍照記錄沒察覺越走越近（還是我潛意識裡以為能就這麼默默的走到緬甸），走進了兩方鐵門間的中介區，泰國海關的哨音響起，警告我不准再前進。到了海關窗口前，警察親切向我問好，並解釋以前外國人可過關一日遊的政策已經取消，現在只剩當地居民能通過。此時緬甸就像一家不開放參觀的工廠，我不得其門而入，只能望著員工上下班進進出出。一回神驚覺我企圖闖關的行徑太大膽，或許是這關口太親民，我三天不洗澡拿掉眼鏡再借條龍基應該過得去。

三個向上尖起的圓錐佛塔立在修剪整齊的草坪中央，祭拜信眾雙手合十後一離開，一旁伺機已久的小孩就衝上來拿走祭品，剩下打翻的水瓶在塑膠布上汩汩流成一條水道。或許這是神幫祈願者布施的福氣，轉向讓貧窮孩子們飽餐了一頓。

佛塔後方兜著半圈馬蹄型觀光商場，大多賣些緬甸寶石或柚木雕刻，觀光客不多生意也冷清。我偶見攤販間藏了架木梯有出口向下，我便朝那缺口走去，心想這該不會是通往緬甸的非官方通道吧？我倒是一廂情願相信這騙局。鑽出商場看見不遠處連綿的山，或許那才是真的國界。國界是戰爭在人之間劃開的，人有自由的雙腳能在土地上行走，逃亡、流浪或遠行，跨不過的是無形意識高牆。當地人騎著機車經過，服飾裝扮已不見泰國風情，體態膚色也相較黝黑乾瘦，招牌告示也都是緬文。我明顯的格格不入，當地人好奇注目著我這城裡來的猴子。此時即使泰國國旗就高掛眼前，我卻幻想著自己就身在緬甸。

兩個小時不到的單方邊界體驗，我又回到雜貨鋪前，等待最後一班回桑卡的雙條。聽說是司機睡過頭，這一等就是一個小時。雜貨鋪在此是巴士站也算個社區中心，我買了可樂坐著看當地人來來去去。緬甸婦女頭頂著青菜蔬果靠過來兜售，也有些炸過的熟食零嘴，等車回桑卡的媽媽們需要就買些回去。等車、買菜、納涼、罵小孩，生活即景亦若是，國界是由海關尖銳哨音吹起的，看不見的。

護照裡夾著在台灣辦妥的緬甸簽證，在此只是廢紙，因爲外國旅客一律不得經陸路進出緬甸。再向前跨一步我就身在緬甸，一步著實最遙遠的距離，也許是兩年後我從另一個機場飛往仰光，再搭上十數個小時的車，才能回到眼前柵門後的這一個位置。

我的緬甸經驗起始於台灣松江路上濃濃緬甸口音的旅行社代辦，目前暫停在這邊界上，一個未完成的破口，緬甸隔壁。回程路上倏地下了一場大雨，我坐在雙條最尾端讓雨打濕了半身，車後濕掉的馬路和忽然變冷的空氣，把剛剛的幾小時經驗都切割在緬甸那端了。

我在桑卡拉武里的民宿位於臨湖水的山麓上，不過只是大湖邊角溢出的一片畸零水塘，看不見那長長的木橋。這家民宿由散落在坡地上的數棟小屋組成，樹枝狀的水泥步道再把住戶連接至坡上的大廳，大廳外爬上數十階梯才是位於最高處的民宿入口。這些寶藍色的斜屋頂在安靜的山谷裡顯得太過喧囂，欲加身的熱情歡樂遠遠名大於實，屋簷下的訪客都和湖水一般至多只漾著微微水紋，安靜得很。

我住的是最便宜的房型，只有獨棟小屋的一半價格，是一排寮房的最邊間，沒有冷氣與電視，十足簡陋殘破。地板鋪著塑膠花布，牆壁的破口只用廢布塞住就粉飾太平，浴室裡常爬進幾隻蝸牛，床下布滿了不知名爬蟲或是昆蟲的糞便，彷彿我所在的室內並非百分之百，某部分是與林裡生物共用的棲所。我所躺臥的床褥與一旁通往浴室的走道是相安無事的乾淨，那也就夠了。

房間離大廳較遠收不到網路，夜裡總是抱著一些不安全感在昏暗的書頁裡睡去，但早晨醒來開啓無法完全密合的房門，映入的湖水綠光就赦免了昨晚心裡的髒汙與誤闖生物。建築在我專業裡的複雜性一再地被削弱，蓋房子在人與自然環境中的目的也愈顯單純，法規、坪效、房市猶如來自外星世界。小屋的存在就是爲了遮蔽天空，簡單得就像這個遙遠的小鎮，過了晚餐時間就漸漸睡去，沒有光就是黑暗，看不見就閉上眼睛休息。

小鎮的陸地緩緩向湖面傾斜，直至陸地邊緣架起一座長長的木橋聯結彼岸，是世界第二長的木橋。木結構跨距有限，每隔幾公尺就是扎實的長木穿刺湖心，橋面寬闊巨大足以駛過汽車，其下似蜈蚣密麻對列排次的橋墩植滿兩岸水間，這橋沒有跨越的飄浮感，更像土地增生來要牢牢黏住對岸的魔鬼氈。

對岸是緬族的村落，過了這橋就像出了泰國境內，男女穿上長裙操緬語，更黑的膚色上了白粉，民族和空間都在拉鋸著，政治遊戲下的規矩逐漸瓦解。兩周前因工作曾來桑卡出外景拍攝的J說，他們在橋的那頭等候早晨到鎮裡上學的孩童，想捕捉奔跑過木橋上的童眞面孔，攝影機埋伏在飄雨的低溫清晨裡，沒預料到竟是一場空等。居民說孩子現在都搭車往另一座新橋去了，現在不走路過橋上學了。緬族人是跟著文明進步了，台灣來的行腳節目攝影隊才是天眞，彷彿被那頭疾駛而過的孩子在昏昏欲睡的上學途中訕笑著（指）。

過橋到對岸，我沿橋下折返走進水邊村落，隨機穿過的泥面巷道，兩旁是架高的竹搭房舍，依舊僅是不講究的簡陋堪用。狹窄的巷子讓孩子占據成遊戲場，我只能插身穿過其中。孩子們玩著跳繩，8字形來回穿過梭形的繩花裡，見我舉起相機，一個活潑大方的女孩脫隊過來，羞怯的邀請另一個女孩與她作伴入鏡，彷彿珍惜也分享這個機會。女孩們歪頭微笑的表情自然可愛，手卻在臉側比起了ROCK的手勢，應是從哪個電視偶像學來的。

女孩們與外界的連結並沒有我想像的遙遠，畢竟半天就到得了曼谷，是我把彼此投射得太遠。也許空間距離不遠，但時間卻隔了幾十年。我想像年幼時與鄰居的小孩放課後一同遊戲，就在家門前，而非公園或速食店裡鋪了軟墊被圍起的遊戲區，母親也不曾擔心的就在廚房裡忙著晚餐。這距離此刻的童年有多遠？

離開孩子們，一場大雨立即在我腳後跟了上來，張開我的黃色摺傘走了段上坡路鞋子已然全濕，我就近躲進一處屋簷下。這趟旅行不偏不倚的正中東南亞大陸的雨季，下起雨已不再令我氣餒或憂愁，這雨一直都在途中下著，我已視之爲伴，和平共處。

在屋簷下無事躲雨之際，一群放學的中學女孩沒撐傘的自屋前走過，全身濕透，不閃不躲，腳步也未因雨而加快一分，與同學繼續閒話嬉笑。對面校園的學生也還在場上打球，剛遇見的孩子們應該也還繼續在跳繩吧？彷彿對他們來說雨水如同日光，何來躲之。我反思，爲何躲雨？爲何身子衣服不能濕？爲何雨能終止一切？我懂得躲雨，但卻從未思考爲何躲雨，彷彿雨是不祥的敵人，離我越遠越好。無知又可憐的嘲諷一場。

日落後，我在一片黑暗中登上維韋卡蘭寺的觀景台，視線所及之境獨我一人，六層樓高也只能隱約看見樹林後月亮在湖面反射的微弱波光，搭下一盞路燈雨中獨白照得吃力，除非長時間的B快門曝光，否則是拍不下的。我索性將ISO值調到最高，爽快的將粗糙顆粒納入預期畫面中，就這麼拍下回程一路的黑暗與微光。這些毫不客氣的雜訊是下午的那場雨迎面而來，沒什麼好躲。

旅行只剩十九天，爲何啓程時覺得三個月漫長？歸期將至就覺時光飛逝？那只因健忘，前半的日子被擠出了暫存記憶體，於是只見到眼前的終點，當然犯賤心慌。離開時我刻意將看完的書留在房裡，沒想到在退房時又被小姐送了回來，以爲是我忘了帶走。我趁她不注意，又將書塞進大廳的書櫃中。這書是拿來測量距離多遠的錨點，勢必留下。

即使恰圖恰被寫膩了，我還是有話要說。

從桑卡拉武里重回曼谷，在摩奇巴士北站下車後，適逢周末，想順路到附近的恰圖恰買下那件踢恤當禮物，給剛好來曼谷出差的J，趁這在曼谷的最後一夜謝謝她旅途中救濟的友情，當然不止那五百美金。大大的泡泡字體印在正面的鮮黃棉布裡，「smile」是J的BBS ID，我們一定都會記得這次二〇一二夏天在曼谷的異地相遇吧。

六十公升的登山包馱在背後，隨身背包掛在胸前，我走進連棟鐵皮商場之間的徒步區，傍晚陽光斜灑人潮正旺。「怎麼會有人要揹著登山包來逛恰圖恰啊？有毛病嗎？」這是我之前對這種人的評語。抓了路人幫我拍下這史上最艱辛的逛街模式，挖苦我便是自己筆下腦袋有洞的人，而這洞口就如恰圖恰的深不見底，剛好而已。

到曼谷七次，來恰圖恰至少有十次。恰圖恰周末才營業，我通常帶著缺了什麼沒買齊的焦慮過了周六，隔天周日又來報到。幾年下來，我夏天的衣櫥都是泰國的顏色，每件不到兩百銖的踢恤或短褲連線了台北和曼谷，身上腳下裡外的南洋味越來越濃。這款廉價又鮮活的外皮，輕便又新潮，而非誇張的花俏，低調裡的騷動，正是我鍾情的泰國感覺。不論夏天或冬天，飛到泰國都是短袖加拖鞋的滿頭大汗，鑽進成排並列鐵皮籠子裡的小店，「老闆，我又來了！」

恰圖恰在曼谷之神聖地位不輸印度必訪泰姬陵，相同是慾望、愛情或信仰組構成生活的樣貌。當空鐵劃過市集邊側，鐵皮屋頂一落一落有如太陽能板鋪滿空曠的西部大陸，人潮瘋狂的景象卻如麥加朝聖般壯觀，首次到訪的旅客無一不注目驚呼。

旅遊書通常以足球場形容眼前無邊際的盛況，當事物規模超出我們慣用的感官尺度，只能放任聯想去馳騁胡謅。我們始終不知道一個足球場有多大，也從來不曾踢過足球，卻不停轉述：「恰圖恰有八十個足球場大喔！」簡直術士妖言。於是恰圖恰與足球場的愛恨情仇由此而生，愛你的迷幻燥熱昇華，恨你的失控惑眾無良。一個標準十一人足球場 7,140 平方米，恰圖恰面積 141,640 平方米，恰圖恰只能／竟能塞進二十個沒有觀眾席的足球場。

不是我理性，是感性過了頭，想替你正名身世，讓黑洞好歹有個底，用水滴入井底後彈出回聲的長短，來估測腳程心力可及。即使解答劃定了終點線，操場要跑幾圈，要跑多快來配速，也因人體質不一。於是恰圖恰我們一去再去，像是無限輪迴的春天墾丁或世界盃，吶喊再吶喊。

「我記得你，但我不記得你的衣服尺寸。」老闆此話一出，我不得又轉兩圈多挑了一件。我熱愛這裡，有如超市裡生鮮蔬果肉品和清潔劑香味混合成一種令人興奮又安心的味道，在這花招百出的市集裡，味道是用眼睛嘗的。每一格極小單位都培養著未成熟的果實，年輕不完整的輪廓暗藏著鮮嫩欲滴的汁液，我欣賞那些亟欲分享又小心翼翼的熱情。長時蹲坐在張臂可及的隔間裡，熱烘燥氣逼人，不論客人或老闆，無心之徒是把持不住的。

挑高斜頂恍如夢中城堡，挺出狹巷裡摩肩擦踵的凡世，吊掛著無價又廉價的心肝血臟，謙虛的只賣你願意欣賞的誠意。「這裡沒什麼好看的，每一攤都一樣啊。」若不是你走錯地方了，就是觀察力有待加強。

當我還是新生，漫無目的走逛，右轉直走拐彎迴切全憑直覺，一遲疑錯過想要的東西，回頭已是大海撈針徒留遺憾。後來我只去第二區，那裡聚集了年輕設計師，幾號出口、幾次轉彎、直走多遠已烙在心中。後來發現兩家我喜歡的設計師店鋪，已被市區內的大型百貨公司蒐羅，升級爲乾淨漂亮的專櫃。不過設計師兼老闆的 Henry 說還是到恰圖恰買比較便宜划算，那草根赤子心還是栽在鐵皮水泥通廊裡，比玻璃鋼構櫥窗來得營養有味。

「恰圖恰要拆了?!」泰國版上出現傳言，泰國通也出來緩頰解釋。不過萬一恰圖恰像素可泰舊城淪爲遺跡，我遺憾之餘卻不爲此傷感。泰國人對於商場的繁殖能力舉世聞名，當遊客還來不及惋惜桑倫夜市的消逝，就急忙從碼頭搭接駁船到 Asiatique 趕集去了。

生猛詩情鐵籠攔不住，穿著小學制服吹竹笙的小朋友胡亂賣力的奏樂，擺動充滿活力的肢體搖下去就有進帳，絕不坐困愁城，生意旅行到了那都是浪漫。店鋪一家挨著一家連綿到公園落日後的湖邊草蓆，傍晚六點全體立定國歌響畢後還沒完，恰圖恰圖恰、恰圖恰圖恰，空鐵又劃過天際，泰國市集是節奏停不下來的常動曲，讓人放心。

我住在華欣的海邊，嚴格些說，我住在海上。

海浪不只湧上窗外的沙灘，漲潮時餘浪也窸窸窣窣流進木屋底下，從浴室排水孔也看得到海。我住的民宿懸空架高在海灘上，長長的走道延伸到海面，末端是一個讓人發懶日曬的看海平台。這裡的每一家民宿都如此盡力向海伸出觸鬚，長出無數昆蟲般的細腳插進軟質的沙地裡，不只一開窗就看到海，甚至浪花的水氣也不時瀰漫屋內。雖然海對來自島嶼的我來說並不稀罕，但海永遠是度假、美景和歡樂的代名詞，彷彿多靠近海一分就能讓自己多快樂一分，眞正住在離海這麼近的房子倒是少有。此時，我對海的危險選擇性失憶，災難電影和悲劇新聞退散，跟前就是無限延伸的透明藍，攀上沙灘，滲進眼底，空氣裡一絲一毫盡是無憂氣息。

華欣有歡樂的街道和夜市，乾淨的海灘和奢華的飯店，沙灘上的人們可以隨時被太陽或啤酒烤紅雙頰，美味的海鮮會被送來插滿洋傘的海灘，按摩小弟也可以隨時在躺椅旁服侍。想化身王子就雇一頭白馬，想帥氣奔馳就租水上摩托車，歡樂天堂花點錢很容易就可以在身旁搭建起來。

仁者樂山，智者樂水。智者在此且讓我曲解爲社會上的人生勝利組。我從泰國一路上發現，山上的享受常是自己賦予的，而海邊的慾望卻多是奢侈堆積的。在山上和海邊看到的旅行者完全不同，但他們都很快樂。仁者上山放逐靈魂不食人間煙火，智者下海狂歡酒池肉林。原來即使旅行也必須面臨立場的抉擇，你因何而感到快樂？就已把自己歸類爲某一種人，表面上只是「去喜歡的地方」，但其實牽扯一堆人生的標籤。長途旅行常被歸類爲叛逆者，彷彿離開軌道已是違背責任，那不過是山與海擇一而居。我顯然不是智者，無法去海邊撒鈔票讓比基尼美女圍繞（嘆）。

華欣在東岸，可以看見從泰國灣升起的日出，於是我把握這次走幾步路就能目睹日出的機會，逼自己在黑暗裡早起。五點不到就起床，一對韓國情侶已經帶好器材在平台上等候。我一個人就只能單純的等待，保持安靜，看著海和天空的顏色慢慢改變；情侶們可以鬥嘴、聊天、摟摟抱抱、在照片裡留下對方與海的深情款款。一個人旅行就是如此，有話只能對自己和筆記本說。天色又亮了三分，太陽已在雲層後躍出海面，我們還是繼續留在平台上。情侶繼續互拍笑鬧，我則只能對著空無一物的海洋，讓海水在我的相機裡自動改變色相與亮度。

我認爲海是最難拍攝的主題，風平浪靜的空無感太巨大，無法在有限的框格裡傳達。直到海灘上出現了一個人，孤伶伶的一個中年男子，等他走進畫面四分之一處與浪線取得平衡，再按下快門。我把他投射成自己，用相機當無線電與他對話。對應時空，一個人在華欣海邊，清晨六點。此時海退得好遠，小船疲軟趴在綿密灘上，未完全透開的光與海色灰濁又粉嫩，在這亮暗交際，介於開朗與神祕之間，摻點青藍憂鬱。

你學過海會漲潮退潮，但你不出海釣魚，可能會忘記到底何時漲潮、何時退潮，只是知道。直到多年後你離開家住在海邊的某一天，早起等待東岸的日出，看見窗外的海露出一大片濕漉沙灘，你才在心裡又默念了一次：「喔，是退潮啊。」這光景如此平凡，此時卻如頓悟，還是旅行這麼遠才發現，只能嘲笑自己，也安慰自己撿回了一些被忽略的什麼。

華欣郊區有個周末夜市，藝文氣息極度濃厚。入口處的大 Logo 立在七彩變色的方形水池中央，園區儼然是個白色別墅村混合著藝廊和創意市集，定時有舞台劇演出，美食攤都用竹子布置得別有南洋風情，泰國人對商場的長才已不只一次讓我佩服。

其中有個畫家販賣自己的作品，就在現場創作也與購買作品的人交流。年輕人的畫風清新現代，筆觸乾淨俐落，用色一如泰國陽光般鮮明，創作內容也多以華欣和海洋爲題。我帶不走大幅作品，只買了一張明信片，看著他在現場用水彩一筆一畫染開圖紙直到落款完成。他畫下我海邊的民宿，成排的瘦長木樁撐起單層木屋，最後插上海風吹動的經典三色泰國國旗，但不見細白的沙灘。藝術家說這是他眼裡華欣最美的局部，我同意。

到華欣的前一天，我還在遠遠的泰緬邊境山上，從今後的旅程將是一路延伸的海岸線，直到半島底端。度假海島、慵懶沙灘、壯闊崖岸或繁忙港灣，最後回到番薯島上的家。我明白，我終究只能看到海的局部，仁者或智者都自己的選擇，也反射了初心。

c21 過境之後

我不該多費篇章來記錄這旅途上的幾個小時，爲了等船、等火車而留的過境之城。春蓬非目的地，而是一個被售票員隨手安插給我的地名，住了一晚、吃了兩頓飯又匆匆離開，且不只一次。若往龜島的船是條岔路，春蓬就是轉彎處的路標，離開後又會回來的一個地方，兩次過境之城。有如在機場等候轉機，春蓬車站附近的市區就是我的機場。這未曾聽聞之城像鄰座旅人送我的一顆橘子，甜蜜的不只是水果本身，還有他的溫暖情意，我滿懷感激的收下。

在泰國南方搭乘火車是舒服的，尤其是最便宜的車廂，車窗能往上推開、對面會坐個陌生人那種。車上的小販令人目不暇給，猶如一個行動市場，簡單的用菜籃兜售便當水果，更專業的生財工具能隨時往行李架上一鉤，各色飲料零食像棵繫滿禮物的聖誕樹倒掛在走道上，一邊展示還能收錢找錢。各家叫賣起來各有各調，一路上高低婉轉叮叮噹噹，像個節慶上的民俗表演。

正當我擔心著到春蓬後如何銜接上去龜島的行程時，一下車大嬸就看見我的大背包，兜售起她的套裝行程。大概沒有人會專程來此無名小城，一定都是要出海去的。一張船票包住包車，隔天一早六點會來旅館接我。旅途上令我擔心的事，通常都比我想像的簡單。我只需要在明天一早到大廳集合，今晚沒事，就是遊晃一處日常市井。

在台灣休假時，我也喜歡隨意拜訪任一個我沒去過的城鎮，就像竹南、豐原、斗六，這類不具觀光盛名卻又豐富宜人之處。抵達車站後就在附近市區走走，沒有預設目標，吃飯、買杯飲料、時間剛好的話就走進市場。民生風光往往平凡無奇，就是台灣到處會有的街道，但「去沒去過的地方」這事就已讓我滿足。只是走過幾條街，一下午的時光過得輕鬆愉快，從今後「我來過——」已是過去完成式。

走出春蓬車站後順著馬路往前，過了十字路口，左手邊就是十來家明亮整潔的食攤，雖然招牌都寫泰文，但攤頭展示的食材已一目了然。魚蝦海鮮用大片綠葉襯著盛裝在漂亮的鐵盆上，長蔥蘿蔔像孔雀羽毛驕傲的整齊繞在陶甕邊緣，就像宴席上的擺盤，門面從不馬虎。我點了蝦子炒麵，坐到後方人行道上的摺疊桌，小妹送上一杯有冰塊的開水和一盤生菜，這餐只要三十五銖。這道炒麵家常樸素，從點菜到付帳，都令人倍覺誠意。人民待客熱情友善，食物美味廉價，許多人就因此深深喜歡泰國。

飯後打算買件海島應景的背心，但剩餘的泰銖不多，意外發現購物中心裡有晚上還營業的銀行，上前一問小姐說五分鐘前剛結束營業。我有些著急怕龜島上沒有地方可以換美金（請恕我無知），她告訴我三百公尺外的一家旅行社也提供外幣兌換。一位民眾主動說可以騎機車送我過去，而他只是一個熱心的路人甲，卻被我懷疑成旅行社的掮客，當下我爲自己的過度社會化羞愧不已。銀行小姐和路人甲，你們都是好人。

商店街上盡是販賣民生用品的店家，五金行擺出騎樓的雨鞋和麵包店玻璃櫥裡的糕點一樣華麗。其中有家婚紗攝影公司，櫥窗內的新娘身著西式白紗，新郎下半身卻穿著從褲襠發散出皺褶的絲綢及膝短褲，應是泰國傳統禮服吧。從夜市、購物中心到商店街，我吃飯購物也驚喜猜疑，日常原味的動作與情緒，是好無聊，但就在無事一身輕的夜裡統統成了微甜的風景。蓋章——「我來過」，給可愛的春蓬。

離開龜島後又回到春蓬，是爲了等午夜到合艾的火車，一樣飄雨的夜，相同的夜市和商店街，我走過第二次。我把行李寄放車站行李室，拎著電腦找到一家提供網路的珍珠奶茶店，但我點了拿鐵，對面是五天前住過的旅館，屋頂的霓虹燈在暈上一層霧氣的落地玻璃後一閃一閃。我忘了帶電源線，兩個小時不到電力就耗盡了。我闔上電腦，眼妝很濃的小姐問：「台灣來的嗎？台灣人喜歡喝珍珠奶茶，但你點了拿鐵？」彷彿臨時轉到電影台，因爲聽了幾句對白就入迷的把電影看到最後。我們一見如故的聊到打烊前，她用機車載我去火車站，只是過境，沒有吻別。

這個八萬多人口的小城絕對值得讓觀光客貼上一個無聊的標籤，但無聊其實在生活中已經瀕臨絕種，一刻難求，只有在手機和行動電源雙雙缺電之時，才有機會無聊。我們已習慣做任何事都有目的，早就忘卻體會一件事的本質，走路、等待、搭車，離開與抵達之間一概空白，這些老是被排除於目的之外的時間，我們一律拒絕承受。

「旅」和「行」兩個字除了客居他處和移動，已無他意。別再說爲了放空而旅行，放空對旅行來說已是個負擔，更別說尋找自我，那簡直是負荊請罪。就讓旅行沒有目的、理由和意義，過境之後，自然有事發生，這是旅行的本質。

你也可以說這是篇無聊的文章，沒有意義，就此過境。下一頁。

早就想好了，來泰國一定要去一個海島。

不是住了兩千三百萬人的海島，而是最多兩個小時就能騎機車繞完一圈的那種。小學二年級去過澎湖，大學畢旅去過綠島，沒有了，全世界我去過的海島就這兩個。也或許「海島」兩字在乎的不是陸地大小，而是被海包圍，或一種日常作息。

印度回來後我去了恆春，花四千塊租了間房，每天早上寫東西、下午去海邊、晚上去咖啡店看書，過了一個月目前我人生中除了當兵以外最簡單的一段生活，至今我還嗅得到那無憂湛藍的鹹味。去海邊玩沒有什麼，但「住海邊」就能療癒自己，彷彿看海、看海、看海，那細砂礁岩海浪風吹就能解百憂，就算獨自一人也有效。

在泰國旅行，缺了海島好像襯衫掉了一顆鈕扣，不礙事，但就是不夠完美。泰國的海島像一把寶石被豪氣的撒在海上，泰國灣、安達曼海，處處都耀眼奪目，其中就以普吉島、蘇美島名氣最響。但去過芭達雅或華欣後，我對插滿洋傘、以階級劃分出區域的沙灘很感冒，而這兩個西方人士的愛島總給我如此的偏見。其實這兩個島並不小，都還蓋得下機場，交通方便，旅客就不會少。

我翻開旅遊書，像逛市場買水果一樣，挑中面積較小的龜島，二十一平方公里約比綠島大些。我推測島小景點不多人就少，就少有像怪獸占據海邊的連鎖飯店，飯店少的地方背包客就多，住宿也會相對平價。

「凸出海面的小沙丘上種了兩棵椰子樹，海星和海螺都笑瞇了雙眼躺在沙灘上，還有一隻螃蟹跳出海浪雙螯喀喀夾動。那小島眞的小，要是兩顆椰子掉了下來，螃蟹再爬上岸，小島就滿了。」這是我心中幼稚的小海島幻想，像兒時卡通片那樣。我原打算在船靠岸前拍下龜島全貌，無奈當我從昏睡中醒來時已經離岸太近，眼前已是兩邊不見盡頭的陸地。

當發現一切都太遲時，我又被岸上塞滿等候離島遊客的碼頭嚇著了，他們一群人就像逃難那樣，有種就算有票也上不了船的悲傷眼神。我下船走過長長的棧道，不看眼前密密麻麻的人群，頭一低看見橋下是完全透明的海水，礁石、魚群、沙床就像放在全新的水族缸中一般清晰。稍遠一些的海水是青翠的藍綠色，從透明到藍綠的漸層完全是高清畫質，這裡與台灣一樣「只有藍綠」。矛盾的心情讓我一下子無法預測這小島，我穿過被曬暈而表情呆滯的等候人群，心想：「今天是你的最後一天，但可是我的第一天耶！」你們先掰了，龜島，我來了。

聽見一個韓國人與掮客在討價車資，韓國人大概跟我一樣窮，直說兩百五太貴了。我無意加入，就揹著大背包頂著海島火力全開的太陽，一個人就往北邊走去。順手在店家拿了一張比較詳細的免費地圖，也還不知道要住哪，但往北走準沒錯，島上就這麼一條主要道路，連環島都不成。這條路也不平坦，常要爬上爬下，幸好靠海的人行步道禁止車行，兩旁多是海灘啤酒屋或潛水店，樹蔭海風夾道走來還算舒服。

走著看見一處通往海灘的缺口，細白的沙灘在正午剛過的陽光下發亮，青春男女們還在屋裡休息納涼，沙灘上空曠清淨沒幾個人。兩個比基尼女郎躺在鋪好浴巾的沙灘上做日光浴，一棵椰子樹橫長伸向海上，淺灘上繫住幾葉長舟，海浪捲起的白色氣泡就浮在透明海水上。好個海島風光，我猜這人爲活動不介入太多的海灘是我會喜歡的。落腳處還不知道在哪，揹著登山包就闖進了這風景裡。

這裡的商家不擾人，就是在海灘邊提供服務，多是與小島尺度相符的低矮房舍。連按摩店也就在沙灘上的小屋裡，躺著按摩還能聽海看海，這只是平價的享受。這海灘有種親近感，不想匆匆走過，會想坐下躺下，而不覺得自己突兀。果然，小島用海把人潮切斷，然後喜好相同的人物以類聚，喜歡熱鬧的飛去了蘇美或普吉，龜島就因爲小，反而清靜了下來。

我幾乎走到了島的最北端，跟著指標，費力的爬上陡坡，像越過了一座小山，找到了幻想中的旅館。是在岩岸上的獨棟小木屋，大陽台上有能躺下的長木凳和吊床，絕不會有人從門前走過，因爲門前一百八十度廣角都是水藍的海，四百五十銖一晚。

阿姨收完我的錢，給了網路密碼，不去打掃剛退房的房間，而是又跳進吊床，伸手對著吱吱喳喳的小雞作勢「噓～！噓～！」命令牠們不要打擾她的午睡，這也太幽默。我拿了一瓶冰可樂，回到陽台，海平面從遠方視線同高處一直延伸到腳下，一艘漁船在海天的分界上緩緩移動，傳來淡淡的引擎聲。我想，我來對地方了。

c23 很久沒聯絡了

龜島，方寸之島，生活也僅只方寸，陽台、房間、廁所，其餘是海。

站立於陽台上，雙手一百八十度張開與身子平行，作爲基準線，前方是海，後方是山。我未曾居住在如此巨大的海面前，像看電影坐在前三排，此時海是迫人的。鄰居像月球引力般薄弱散落在數公尺外，我獨居於此，看海聽海獨居於此，無論我穿衣與否，那幾塊布對於大海來說，我早已赤裸。

其實我鮮少掛在吊床上，那像是演戲，搖來晃去的除了顯示狀態悠閒，並無法做任何事。（既無事可做，何來任何事？）我還是連上了網路，閱讀千里之遙的朋友們抱怨著工作瑣事與社會不平。自房裡拉出電源線，躺在木板釘成的長椅上，筆電擱於腿上，左側是防止我滾落的椅背兼欄杆，前方是中南半島與龜島之間的泰國灣，但陸地還在海平面後方。據方向推測，傍晚看得見日落。

房間連不上網路，路由器設在數十公尺之遙的大廳裡，訊號與對岸的泰國陸地一樣遠，泰國旅館提供的網路常常不那麼誠懇，的確有，只是連不上。爲了成全這完美的度假模式，我到鎮上斥資買了「龜島 wifi 卡」，涵蓋全島，七天五百銖，好像買了「網路戒斷恐懼安撫險」，表面上無牽無掛的假性漂泊，暗地裡小島卻已讓繩子牢牢繫住。有了網路還有昨夜自鎮上買來的泡麵，日落之前我不再出門。此處距離最近的超商約二十分鐘路程，那是一條爬上又爬下、全黑無人跡的路。沒租機車，就每天傍晚步行於民宿、市區與西立海灘之間。

夜裡曾下起狂暴的雨，單薄的木屋沒有逃，雨滴像扎實吸飽海洋水氣的巨大葡萄，擊響又薄又脆的屋瓦，沒有家具的木屋如上了響弦的小鼓，產生完美響亮的共振。連擊、急板、突強，木板縫間射進讓閃電照亮零點二秒的雨絲，雙鈸在最高潮來上一記雷爆。無寸漲大的黑暗將其吞沒，海浪在聲音眞空的島緣裝了重低音喇叭，你的例行工作是我耳中的怒吼，拍打得令人心慌。我抓著一盞燈，僅有的溫暖慰藉。門外的垃圾桶被吹倒滾出陽台，發出措手不及呼喊，以爲巨浪就捲到了門前。木屋的渺小連著小島一起被沖到了海上，沉浮在沒有修辭的赤裸世界中。原本我享受的純度透明，在顚倒世界中都要還回去。

幾個小時後，天亮，初級災難預演時間結束，我們又共擁一派祥和的甜鹹風光。

拿出從台灣帶來的笛子，本來想當個唱遊詩人沿途賣藝，但從未在旅途上吹過。按下相機錄影鍵，再慢慢走到陽台長椅上坐下，吹起台語歌〈思慕的人〉。無伴奏，海潮聲音巨大無比，但所幸短笛的高音頻仍輕鬆的刺進了耳膜。這把沒有按鍵的兒童練習用短橫笛，雖然袋子裡附了指法表，但我還是無意弄懂半音該怎麼演奏，於是吹了只須用到五聲音階的台語歌。練過幾次才開始錄，穿著四角褲就走進鏡頭裡，錄完一次，沒有錯音，笛子又收起來了。錄了影，存了檔，不知道我這首歌到底是吹給誰聽的，但至少把龜島海潮聲打包下來。

打開電腦連上網路，怎麼著，旅行是如此渴望與朋友同在嗎？不分享，自己就不存在嗎？眼看著前方的大海，思考屬於我的此時此刻究竟是什麼。住在海邊連上網路，這，台灣就有。外島的海依然清澈見底，離開西岸也已是陌生。何以我於此向大家炫耀著我所享受的？因我無憂。獨處割斷關係，距離稀釋責任，像個蠢蛋般存在，再也無力負擔他馬的任。何。計。畫。海啊，藍天啊，木屋啊，島啊，盡是感人的體貼掩護。

我腳下的這條海岸，不彎腰閃躲也不伸手遮掩，是挺直了身子撲向海面，海水在岩岸邊上大方痛快的碎散成粉末水花，天然野性得多，並非風平如鏡。雖有幾階穿插於岩石間的水泥梯接至海面，也無人於此戲水。一日午後見一對西方男女撲通躍進水面，就在起伏的浪裡撥水玩耍，我也試著跳進一處被巨石包圍的海水。腳踩不到底，湧進的海波比我預想得大，像擁擠的電車裡被推得左搖右晃，沒有蛙鏡彷彿丟失了浮木，睜眼閉眼都不是，銳利岩石長滿不知名的貝類生物，我一陣噁心不安，於是又急忙上岸。

如何才能徜徉在無際的大海中？誠實雙手奉上害怕，承認孬種，還是到安全平靜的海灣去吧。來自海島的我，對海的親近僅止於看見，只認得海面，對海竟是陌生與恐懼。丟臉。這片海幻影似的存在，不須擔心被發現其虛假，其實一戳就破滅。存在，於是安心，看見，然後就夠了。海還晃著，浪還搖著，你看我住海邊風景好得不得了羨慕吧。我說。

像手機裡存著舊情人的電話，再也不曾撥出，但心裡還想著哪天吃個飯，順便把分手後留在房裡沒拿走的東西還給你吧。即使從不做這件事，但電話臉書帳號還在也就安心了。喔？你說他啊，我們很久沒聯絡了。

從龜島上的一隻貓說起。

有隻貓，全身毛色潔白，唯獨帶著一根黑尾溜。我想帥氣的設計就是這樣做的，白貓不全白，果斷的在身後配備了搖晃柔軟的一束黑，這黑不漸層、不參雜，潔癖的與白脫得俐落分明。黑尾巴像一枝口袋裡極有品味的鋼筆，低調又性格的適切。在離我最近的超商常看見他，不是在店裡鑽就是蹲坐在門前疊高的物流箱上看風景。

這貓不溫不野，不怕人也不黏人，像個旅人想走就走。我拿起相機拍，他無視於我，眼神就淡定看著遠方，像穿著窄版白色西裝的青年帥勁十足，超商的紅綠色帶像王者披風般神氣襯托在後。像我這種煩人的觀光客想必他是看多了，過了一會嫌我礙眼才壓壓背跳走。照理說貓是不能進超商的，但店外只標示著狗禁止進入，門一開他就鑽進漏洞，逛過一排排貨架，連後方倉庫都摸得熟透，應該是店貓來著。他彷彿夢中安靜的旅人孑然一身，沒有負累與牽掛，不討好也不妥協，就走在流浪與安定邊界的那道牆上，不逾越任何一方。那性子沉穩漂亮極了，也許是黑尾巴賦予的平衡天分。

島上超商裡的所有商品都比泰國本地貴上五到十銖，平常的香菸飲料過水就提高了售價，差價延伸爲環境差異，即是旅客爲何願意坐船渡海而來的原因，也許是更乾淨的沙灘或更亮的星空，價差就兌換成海島的價值。

在超商看見一名半禿中年男子拿著兩根冰棒排在等候結帳的長長人龍中，汗水沾濕前額脫隊的頭髮，冰棒就端舉在肥滋滋的肚腩上方，眼神充滿期待。姑且冰棒暗示著年齡，但只要一看到冰棒大家都願意回到兒時的記憶裡去迎接，趴在華麗的透明冰櫃上盤算著，口水早比冰棒先融化了。不論這冰棒是要給孩子吃還是自己吃，冰棒已是滿滿歡樂甜蜜，是種吃了就會開心的保證，嘗到味道之前早已開始享受著雀躍心靈。我排在他後面也一起跟著開心。海島就像冰棒一樣，代言了歡樂、輕鬆與一種放逐感。

龜島像被攔腰切斷的半顆楊桃，小小的島上盡是不平的山丘地，但最高峰只有四百公尺不到。沒有環島公路，只在西側有條南北聯絡幹道，幾個碼頭和最長的西立沙灘就位於此。切過東岸的路況彎多坡陡，一般汽車不見得能通行，旅客要租機車前往或徒步走上個把小時，美麗的海灣才在柳暗花明的盡頭現身，只有熟門熟路的行家知道住到這些地方來，東岸往往是更僻靜之處。

平常我只在西岸走晃，直到最後一天我才租了機車去看看這幾個海灣。若西立海灘是熱鬧的客廳，這幾個海灣就是更隱密的起居室或書房，在無人路過的一處開闊，終日清閒不受打擾。海灣讓伸出的地形環抱著，擋住海風，浪已終止在外，圍起的一池海如湖水靜定。岸邊的幾家民宿共用一片海，沙灘上不是朋友親人就是隔壁房客，這裡靜得純粹，小女孩的歡笑聲都會響起回音。

有的岩岸沒有沙灘，巨石就散落海灣中。更小更深的海灣水面更平靜，如天然的泳池，石頭上搭起木橋連接了水域，石頭平台供人一躍入水或休憩日曬。海水清澈見底，即使不戴蛙鏡游泳也能看見魚群近在身邊。騎機車快速串起這幾個海灣，途中還有許多小路通往更冷僻的祕境，小島雖小，旅客還是有機會選擇私我與海相處的方式。

我住在生猛寬闊的岩岸，也喜歡你白沙細如毛氈的海灘，日落與日出一樣稍縱即逝，無論海島再小，仍得等待十二小時。你的滿月狂歡，我的清貧隱居，都是海角一樂園。海島是個封閉迴路，我的相機是監視器，用第三方的角色記錄這開放的密室，海是美不勝收，海是懶散晃蕩，海是縱情歡樂。彈丸裡的忘情派對，有切斷的脈絡，才有阻塞將欲噴發的爽快。怎麼，手中握的越少，反而抓得越緊、越滿足了啊？

途中騎著機車爬升至地勢高處，看見幾公里外的帕安島漂浮在白茫茫的海面上，一個皮膚黝黑的當地人見我停下拍照也跟著熄火遠望，「是帕安島啊！天氣很好喔！」他坐在機車上轉頭給我一個開朗的露齒笑。這幕風景讓我倍感溫馨愉快，沒有什麼比當地人在日日尋常中撿拾到風景還值得為他開心。

機車租期二十四小時，我算好直到搭船離島前兩小時才還車，此時家當已退房隨身，還車後還有空在市區吃頓早午餐。海灘旁的平價餐廳不分時段什麼餐都供應，十一點，我要了炒蛋與吐司當早餐；隔桌香港人點了牛肉紅咖哩，看來是要吃午餐。同樣的時間有人吃午餐，有人吃早餐。顯然我的時間過得比較慢，早餐慢點吃，香港人時間過得比較快，午餐提早吃。幸好餐廳配合每一種人作息，不計較時段與備料，什麼都賣，賣給你食物以外，還連你現在想過的時間一起賣給你。

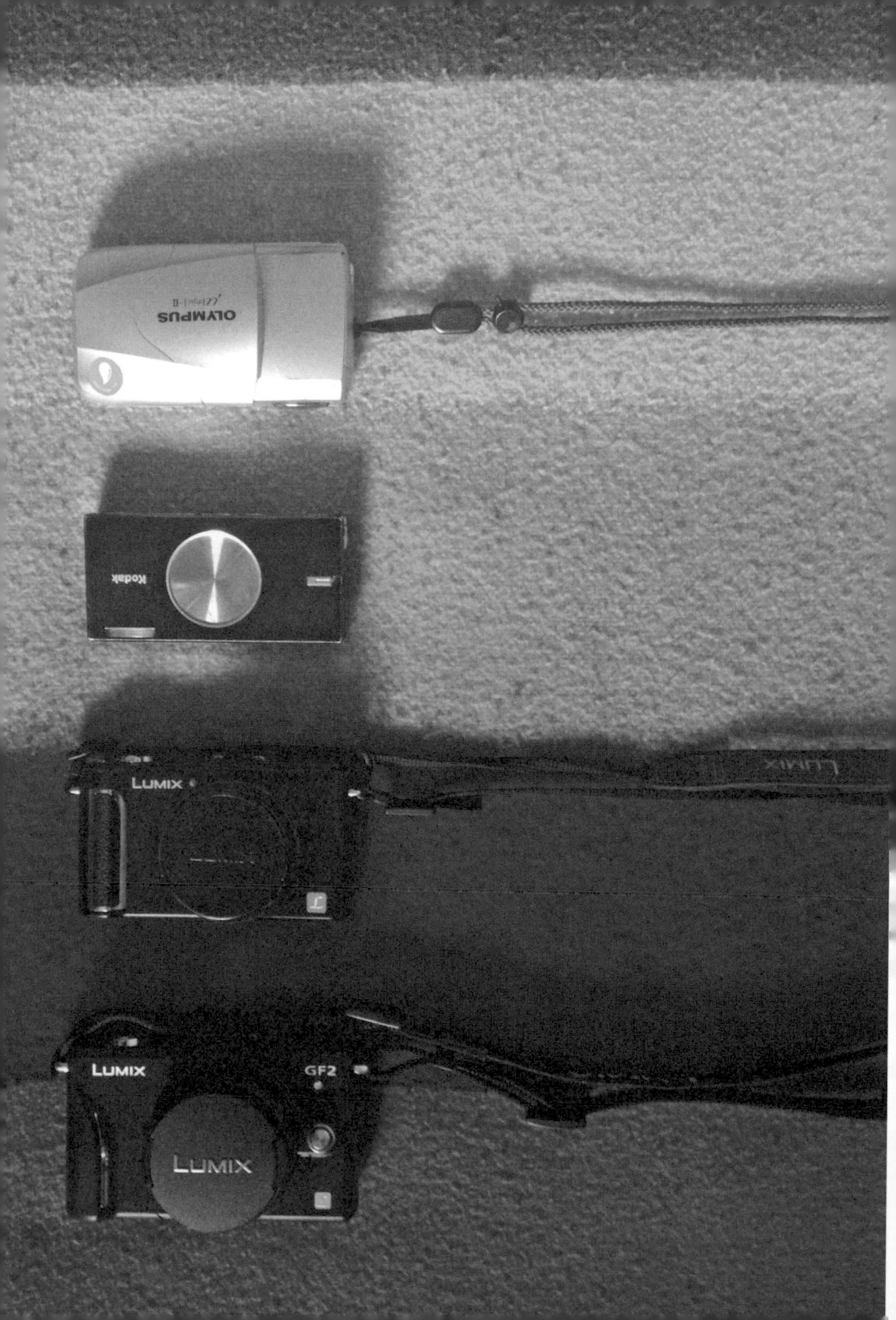
OLYMPUS
Kodak
LUMIX
LUMIX
GF2
LUMIX

นควาย
Khwai N7
security

ออก - ชิดขวา
Exit - Keep Right
ออก - ชิดขวา
Exit - Keep Right
ทางออก
Exit 5
ทางออก
Exit 6
Central World
ELEVEN
BTS
G01
G03
G04
G05
G07

TAXI-MET
EXCHANGE

AIS

ส่งเสริมการขายทุก

Coca-Cola
SNICKERS

[iv]

Allegro assai

甚　快　板

當旅行出現想回家的念頭時，
表示煩人的瑣事都徹底忘光了，
那很好。

d01 泰國到馬來西亞兩個德國人

「什麼？超過二十分鐘？誤點一個小時！怎麼可以這麼久？泰國火車在搞什麼啊？我的天啊！」才一個小時，白人老頭就在火車站售票口大聲抱怨著，站務員安靜的聽他大叫，只是把他當空氣。我倒覺得他根本是空氣汙染，即使我跟他要搭的是同一班火車。這裡是泰國，火車誤點跟曼谷塞車一樣常見，甚至車站都有「火車誤點表」寫明誤點時間。我知道你們國家的火車跟瑞士產的手錶一樣精準，但你若不明白這裡是泰國，那這麼遠的一趟路還真是白走了。

合艾是邊境城市，再往南就是馬來西亞，從春蓬開來的火車一共比表定的時間慢了四個半小時才抵達，坐了近十二小時的夜車，跨過了大半個泰國南部，準備直接在合艾轉車入境馬來西亞，下一站是檳城喬治市。時間不夠沒能在泰國南部停留，讓我感到有些遺憾。

從空調強勁的車廂走上車站月台，熱風襲來炙陽緊咬著皮膚，很明顯感覺到離赤道又更近了些。一出車站馬上有掮客開價五百五十銖到檳城，我直說這簡直是天價，他立即降了一百銖，其實我不懂行情只是直覺反應，他這一降價讓他的誠信也蕩然無存。果然，後來在巴士站找到了三百五十銖到檳城的小巴。

巴士站外國人不多，一對白人情侶很顯眼，強壯的男生雙肩揹著兩個登山包，女生胸前只掛著隨身小包，一派輕鬆的和男生用德文對話。我搭訕了他們，原來到檳城沒有官方巴士可搭，三百五十是他們在周遭旅行社詢過價最便宜的，於是我們一起買了到檳城小巴的車票。買了車票和午餐後，此時我的泰銖只剩下二十，並對自己的精準控制洋洋得意，又一次驚險過關。

一個華人老伯開著空調故障的骨董級賓士車來接我們，把我們從A旅行社載到B旅行社，有點像是零售門市和中盤商的關係；一邊負責賣票，一邊負責出車。旅行社說的何時發車永遠不是眞的，等湊到湊滿人數已經整整過了一個小時，小巴才眞正上路。我和德國情侶三人坐在小巴的最後排，其他乘客還有要回家的大馬華人和一名澳洲中年人。

澳洲人中年肥胖，戴著太陽眼鏡，白色Polo衫紮進牛仔褲裡，他在泰國工作，簽證期滿要到檳城改簽。「你們都不叫自己福爾摩沙了啊？」知道我來自台灣後，他這麼說惹毛了我，隱約言下諷刺著什麼，讓人不太舒服。一路上他不甘寂寞不停找德國人聊天，但言談中一直抱怨對東南亞的不耐，從政治經濟到行政效率，不停擺出白人的種族優越感，就差沒說出有錢的就是大爺，下巴永遠翹得老高。後來我很明顯感覺到連德國人也不想回話了，車廂裡的氣氛尷尬得聽見空調吹送的低鳴。於是他又將目標轉向馬國人，聊起馬來西亞的經濟發展。後來其中一個華人用中文說：「這傢伙很惹人厭，怎麼不滾回去。」他是說給同夥聽的，沒想到後座還有人聽得懂中文，我在後座不敢笑出聲。一整車的厭惡幾乎要把他擠出前座車窗，但有人白目而不自知，冷清的回應也阻止不了他的高談闊論，德國情侶也站在我們這邊。

德國情侶是大學班對，主修教育，暑假到東南亞旅行，準備到馬來西亞待兩個禮拜，再回泰國西岸繼續玩，最後從普吉島回國。一路上我常遇到德國人，他們往往謙虛有禮非常友善，和到處飲酒開趴在街上瘋癲叫囂的白人形象不同，該不會是他們清晰的英語才讓我有如此錯覺？

泰馬關口彷彿專爲汽車設計，就像一座收費站，下車、排隊、上車統統在這半室外空間的大棚架底下快速解決，海關只是幾個蓋章的小亭子。建築雖然簡陋，但因兩邊往來非常頻繁，大巴小車都可直接過關，界線雖存在卻彼此滲透已不明顯。以往邊界附近總是荒涼，但此處卻像一個開了側門的繁忙城鎮，車水馬龍煙塵漫漫，海關像個市集般混亂也充滿活力。過了關德國人和澳洲人都得到三個月滯留期效，我雖然免簽也只有十五天，我又在旅行中感嘆台灣在國際地位上的窘迫。

搭小巴過關有種革命情感，即使不熟識在混亂的關口也認得出大家的臉孔，一路浩浩蕩蕩吵吵鬧鬧頗有公路旅行的想像。大馬人回到自己國家，澳洲佬繼續抱怨，我和德國人用慢速的英語聊著台灣，此時小巴已開上馬來西亞平穩寬闊的快速公路，一旁山坡上的植物彷彿盆栽般被搬走替換了品種，平地上落下整片大富翁遊戲般一模一樣的低層住宅。

跨過界，又走過了一個國家，旅行剩下兩個禮拜不到，就算把在越南多得的六十分鐘時差還給馬來西亞，還是感到莫須有的焦慮。

「你知道爲什麼我這麼喜歡這首歌嗎？以前我們住的那個村子，全都是木屋來的，就像這裡，下面就是海，我最愛跟我爸躺在木地板上，一面聽著海浪的聲音，一面聽這首歌。我們村子裡全都是姓周的，叫姓—周—橋—，在檳城很有名的。我的名字是我爸給我取的，叫周—安—琪—。」躺在阿牛背上，左腳穿進水面踩出幾圈漣漪，李心潔在電影《初戀紅豆冰》裡這麼說。

爲了寫檳城，我特別翻出電影來看，第二次看，但這些話好像第一次聽。周安琪說的我早知道，但從女主角口中說的，既眞實又如夢似幻。電影是假的，但又因爲假的原因是電影，所以可以被忽略，於是那又是眞的了。旅行時我喜歡用感官揣摩情境，像演戲或彈琴揮手甩頭時閉眼陶醉，而厭惡導覽資訊的塡充輸入。周安琪姓周，住在姓周橋。此時周安琪在旁白生活，就不歸類爲資訊。

陽光太烈不出門，過了中午卻又下起陣雨，我仍在旅館走廊藤椅上懶散，在臉書上發了訊息：「我在檳城，下午四點，給我個地方去？」第一則回覆就是「周橋，傍晚的周橋最美。」我盯著答案想起一張學妹寄來的明信片，一邊查了網路。有些意外不解，此地我素昧平生，但這提醒又過於中的，既視感的似曾相識。這些在海岸的參差木屋掛了保證，沒有秩序的東西有意思，勢必原味，絕對生猛，生活嚴謹規律的人特別需要看這些風景。是我忘了曾經想去的念頭。

身在喬治市，就往東走就會遇上姓氏橋的其中一座，姓陳、姓林、姓李或混居的雜姓橋，姓周橋最大名氣最響，不用地圖也很容易就能找到。這些有姓氏的橋不是橋，是早期華人移民馬來西亞的聚落，全立柱築屋在檳城沿岸淺海，橋是各戶門前的街巷，同姓的住一起，離岸的另一頭除非搭上舢舨否則沒有出口。房屋就站在塑膠桶串起充當模板的水泥基礎上，房身屋頂多已是鏽蝕的金屬浪板，斜頂穿前插後方向不一，比台灣頂樓違建還有機，拐彎岔路看似死巷又總有捷徑。海味腥臭依舊，浪聲拍打腦海，家的概念像海草，一株株從陸地水平生長的海上村落，飄搖飄搖的，柔軟而堅韌。

「他也不管我就坐在客廳，沒問過就往家裡面拍！」兩個大嬸坐在門前用福建話牢騷抱怨著。週間遊客不多，大嬸們也不是針對我，但我瞬間再怎麼謙虛守秩序，彷彿也成了無地自容的加害者。

二〇〇八年檳城登入文化遺產、二〇一〇年成爲電影場景，雖然書上寫著這裡的居民依然生活如昔，但民宿、餐廳、禮品店開了幾家做起遊客生意，生活不是石頭很難不變。成天往家門口探頭探腦陌生人，不是透明海風吹過鹹鹹的而已，在城市的微血管末端，外來遊客像通過沙漏頸部的沙粒特別顯眼。當胸前掛著相機走進來，我也已是讓周橋「不像以前」的一分子。我非長住於此，變與不變對我來說只是一個下午的時光消遣，我沒有資格抱怨不見你們的往日生活，更愧疚於自己的生硬介入。

走出周橋，在右手邊的茶水攤坐下要了茶冰，大樹刺穿鐵皮屋頂在高處開枝散葉，這裡沒有講究的大理石圓桌，大夥拉著塑膠椅繞著樹幹飲茶好像還是小時候在樹下乘涼談天，對面的朝元宮和攤子旁的泥造金爐包圍了一個小埕是姓周的客廳，四周都是熟悉的福建話，我惦惦聽著閒話家常，像是兒時被父母拉到親戚家串門子，大人聊天小孩插不上嘴，只差現在我不需要對彼此的距離害怕，這是旅行者的陌生豁免權。

我一向是安靜的旅客，獨自低調的走著，偶有風花雪月，鮮少熱血勵志，其實我更希望能披上斗篷隱於無聲無形，像風吹進房間的窗口，看到所有精采的細節，像鬼魂坐在你們之間不被發現，聽盡昨日發生的八卦與瑣事。說說罷了，我能做到的僅是繼續低汙染的安靜走著。

「哥，你畫畫這樣美，爲什麼不要拿去參加比賽？美的東西本來就要拿出來的啦！天生麗質難自棄嘛！」肥妹對每天偷偷畫著初戀情人畫像的 Botak 說。後來肥妹偷偷寄了一張周安琪的側臉水彩肖像報名了比賽，並且贏得了冠軍。當大家爲他的才華稱讚喝采，哥哥知道了卻是安靜的走到騎樓下傷心啜泣，因爲初戀情人已經離開了小鎮，一袋幾毛的紅豆冰，也就爲了初戀而美麗。

也許，美的東西不一定要拿出來，存放在安心的盒子裡，天生麗質只願給看到的人好好珍惜。

d03
李心潔
手拿沙嗲
笑得燦爛

我自茱麗亞街上的一家破爛旅館，搬進新潮時髦的青年旅舍。

檳城的房子都老，沒人會拿來說嘴，有的任其枯萎凋零，日子過一天是一天，脫了漆的牆也就當作老化皺紋斑點留著，不曾想挽回什麼；有的換了全新內裝，搖身變成穿著旗袍的金髮洋妞，用濃豔的眼影遮去本來該是又單又鳳的眼皮。兩家旅館其實價格一樣，純粹是貪圖舒服，我寧願與人共享品質好的公共空間，也不願獨占一大房破窘心煩。新的旅館在愛情巷裡，青藍桃紅的霓虹燈管和洋派店名把南洋街屋弄得像夜店，午後不出門的人坐在長長的戶外陽台上看書上網，夜裡就拉上簾子縮在一張彈簧床上獨善其身。

旅行的最後幾天，累了，想要安靜點。扣掉前後兩個半日，在檳城就只有兩天完整。老城此時與我相處爲伴，不多話逢迎，我在舊磚老瓦間投射一種與二手書本般的默契，有緣我就能上前翻開，而不細讀也有悠悠氣息於身旁呼吸吐納著。檳城，比起馬六甲，更廣而雜，街道尺度也放大了幾成，有如同一碗炒粿條多加了幾尾鮮蝦分量加大，食量大的人必能滿載而歸。老城讓遊人放心把自己置身其中，信任其成熟老態保證甜吻吻，只須在巷道裡走動觀看，腳步自然成詩。

檳城吃的名氣絕不亞於老房建築，日落前街口總是灌注了熱鬧的油煙香氣，庶民餐食小事在此彷彿節慶大宴，熱鍋翻騰湯水流濺，各式飯麵魚蝦上桌下肚，中馬印鹹甜辣無一而足，大街旁的平民華麗盛世，攤車後星空下盡是男女豐收的腹肚。

有回我與一德國人同桌吃黑漆漆的福建麵，見他筷子用得端正標準，細長木筷精準的在三指上優雅擺動。身爲華人，我汗顏的稱讚他。發現自己除了能用中文點菜的優勢外，外國人應該更懂得品嘗這些「異國」美食。「當德國人用筷子的方法比你還標準時，該怎麼辦？」a. 把炒麵翻倒到他褲子上，製造混亂。b. 跟他說，你錯了，筷子應該左右手各拿一支。c. 跟他說，我們都用筷子喝湯，跟吸管一樣用法，你要不要試試看，然後拍下他的蠢樣放上網。d. 把他的筷子折斷，告訴他團結就是力量的故事，但得先準備好這篇故事的英文怎麼說。e. 把你畢生學過的三句德文說給他聽（其中一句應該是狗屎吧？），然後叫他教你拿筷子。以上內心小劇場，純屬虛構。

對於身爲華人遊檳城，對於文化的辨認，有如菠蘿、旺來或黃梨的關係，總有那麼點尷尬和偶然的不知所以，是更熟悉也更細微。比如中秋節習俗竟是提燈籠，一發現蛛絲馬跡的差異即是哈哈趣味。

下午從姓氏橋走另一條路回旅館，洋樓殖民建築氣派聳立寬敞道路兩旁，但風華黯淡只憑遙想，幾名工人正爲封住窗戶的木板重新上漆；對街是更高的現代大樓，立面上飾帶分割與浮雕門柱僅是聊表過往榮光的誠意。一名坐在打烊銀行門前階梯上的印度男子叫住我，我正在拍照以爲冒犯了什麼，原來只是印度人單純的問候。「我在等老婆下班一起回家，你看，這是我的公司。」他指著制服口袋上的企業商標，一副得意笑臉的向我分享。「你在台灣是什麼職業？你放假幾天呢？喜歡檳城嗎？」沒有距離的熱情攻勢，我又翻開了寫滿的印度旅誌，依附在紙上的奶茶味竟然還在。

這兒不是檳城嗎？我才剛看完中國人的移民歷史而已，怎一轉身布景全拆了。再向前走是小印度，咖哩餃攤子、印度歌舞女郎的人形立牌、一家挨著一家的錢幣兌換商，印度人一樣在中式斜頂街屋裡做起生意，伊斯蘭提醒膜拜的廣播吟唱照常定時自隔壁街響起。這金銀島是埋了寶藏種了香料，大家千里至此分羹，今日才煮出一鍋美味無敵的雜燴粥。

依我如此旅行密度，兩天能走過的地方頂多喬治市上的幾條街，何況檳城是個比台北市大的島嶼，想用不經意的生活來體感此地我需要更長時間。利用搭車前的早晨到光大頂樓觀景台，想以鳥的視角爲虧欠的城市囫圇收尾，我在一樓大廳上下幾回詢問職員才姍姍來遲，看來是個人氣極低的景點，門票五令吉，果眞到了六十樓小姐只爲我一人開門上班。

城市的確是該走在其中，而非在上空談。三分之一圓的落地玻璃望向喬治市，新式樓房在擠滿狹長街屋的街廓中零星竄起，根據山海方向和跨海大橋所在位置閱讀起這張立體地圖，卻怎麼也找不著茱莉亞街和我的旅館，是完全的陌生啊。積木般的紅屋頂簇群是留個浮水印，淡淡的沾在心口，就記得李心潔在觀光局海報裡手拿三串沙嗲笑得燦爛。

上車前到茶檔再喝杯水、吃牛油麵包，這家寄生在圍牆上的違章攤販，門扇統統打開就有一處涼爽通風的空間，就像Steven Holl的Storefront Gallery般輕巧有機，這幾天都來報到。老闆依舊親手鑿下冰塊丟進玻璃杯中端來茶冰，我卻像趕著上班前在早餐店把奶茶大口喝光，原本在這不正式的場所看報喝茶特別放鬆愜意，如今徒留儀式只供備忘。

第一個再見，是我又來到吉隆坡。第二個再見，是明天一早就要離開的道別。兩個再見連在一起說，這次見面就這麼僅此一夜。

一年前來吉隆坡的印象還鮮明，沒翻地圖就從富都車站走到青年旅館，穿過混亂的大街，哪條巷子右轉我都還記得。其實我大可不必停留，直接換車到馬六甲去，但總覺得在這暫停一晚彷彿才讓旅程編織得更完整。就如老師臨時請假的課堂，多出來的兩個小時，要怎麼大把浪費都不覺可惜，做什麼都舒服愜意。複習相同的路線，與看過的風景打聲招呼，撿拾些去年的回憶。既然熟悉就不費力氣，在五光十色的首都暫歇一個晚上，準備迎接旅行的終結。

「你怎麼知道我們旅館的？」

「喔，我去年來過！」

這家青旅空間品質極高，有個長長的戶外中庭，幾棵筆筒樹刺穿天井高出屋簷，非常受到外國背包客歡迎。櫃檯服務人員有華人也有印度人，膚色和種族在馬國已不完全代表語言，英語和馬來文幾乎是人人會說，聽見印度人說福建話也不必驚訝。因此旅館櫃檯的華人就很自然的用華文與我溝通，但說你好之前都有個禮貌性的英語開場「Speak Chinese?」看見街上發音類似英語的馬來文單字，Teksi就是Taxi、Bas就是Bus，八成猜得中意思。但到超商門口時，門把上的馬來文不知要推還拉時又讓我進退兩難，然後發現店內包著頭巾的伊斯蘭女店員在偷笑。

面對混雜的城市面貌，我不自覺的往華人靠近，尤其在用餐時特別明顯，若有滷肉飯可選我自然不會挖馬鈴薯泥來吃，挑看得懂的吃總比較簡單且習慣。也許因為懶惰，至今我對馬來文化還是非常陌生，去過的檳城和馬六甲也都是華人移民為主的城市，椰漿飯和晶露吃過幾次，但正港的馬來城市我一個也沒去過，也或許混種文化在馬來西亞才眞正具有代表性。

兩次來吉隆坡，都是因為交通的緣故。吉隆坡是廉價航空的大本營，上次就為了轉機到曼谷而乘機多安排了馬六甲一遊。去年待在吉隆坡只有四天，去過算得上景點的只有國家清眞寺、伊斯蘭藝術館和國油雙塔，可拿來組構吉隆坡的印象少得可憐，對於吉隆坡我依然缺乏好奇心。即使還有一晚，我也只是走到武吉免登逛個百貨公司，連晚餐我都回到了阿羅街上的同一家餐廳，點了相同的芽菜雞、叉燒飯和八寶涼茶，完全無意再多看些什麼。我只是想路過，讓這些僅有的熟悉感成為異地旅途中難得的慰藉，過一個沒有企圖心的舒服夜晚。

最後，回到雙塔前，那最適合做為儀式的句點。大廈前的公園廣場與樓高不成比例，每個觀光客紀念照都拍得辛苦，甚至在地上躺平往上才能攝下影中人和雙塔全景。左右對稱、畫面平衡、人物淨空、曝光正確，才能讓夜裡雙塔的光芒閃耀得完美無瑕。這高聳霸氣的建築無疑是國家經濟發展的表徵，伊斯蘭八角星平面又賦予了民族意象，建築被推到國家的最前線，能說這麼多話已經是模範生一個。

巴士一車一車把觀光客傾倒下來，爬上空橋，擠進商場，每日被拍下成千上萬張雙子星照片，這建築在你的馬來西亞印象裡占了多少百分比？看紀念鑰匙圈的產量就知道了，建築如此偉大可以成為國家的代言，比起泰姬瑪哈陵耗費的時間和成本，這樓實在取巧聰明得多。其實我心裡暗暗盤算著，若這棟樓的夜間照明亮度減低一半，尖刺的兩把劍變得溫柔，馬來西亞的國力是否會跟著衰弱下來？種族問題是否可以減少一些？

拍完照鑽進地鐵，在一旁商店街買了麵包和牛奶，回到旅館以後這一夜就又過去了。世界上能去兩次的地方不多，何況是不刻意安排的順道路過。他既不是我最愛的地方，也不為了任何人事物而來，像刻意製造的巧遇，但又非眞心想見那個人，只是想留下這匆匆交會的片刻，玩弄一下曾經。這感覺異常微妙，說不上來，但非常珍惜。

問自己為何一再累積相同的城市記憶？馬六甲、清邁或曼谷都是，把這些照片疊得與雙子星同高又如何？我開始問自己初見與重逢的差異。

旅館裡有個南非人一直坐在中庭的圓桌，桌上擺了咖啡和一本英文小說，一旁坐下的人就會與他聊上幾句，有時談得深入，但多是那幾題旅行者必備題庫，幾次？哪裡？多久？無限輪迴著。但他樂此不疲，永遠熱情友善又不踰矩的歡迎每一回對談。雖然問題一樣而人卻各異，或許重複不代表相同。就算一切照舊，而我下次再訪的吉隆坡也不是同一個城了，再見又再見之後還是有機會再見的。

以為三個月很長，在泰國鬆散停留太久，以至於最後剩沒幾天要走過星馬只能蜻蜓點水。馬來西亞這麼有趣的大國，我只能選擇幾個城市拜訪，非常心虛。馬六甲我一年前已經去過，照理說我不該再去，但既然都已來到馬國，也說不上下次來會是何時，路過就「回去」看看吧，看看Sam，看看馬六甲海峽。能在旅途上問候一個許久未見的朋友，也是愜意。

Sam是第一次到馬六甲時旅店的老闆，我住進他的古厝民宿一個半禮拜。會留在馬六甲這麼久多半也是因為這棟有意思的房子，一棟讓時間自然走過的老屋，不特別彰顯房子的老，只是同老去的痕跡一起住下，連帶著我對馬六甲也有如此感受。

他與台灣有淵源，父親念過成大，母親是台灣人，幾年前還去台南看過外婆。我們常在沒做什麼的午後，在有點陰暗的長屋客廳，他一邊打掃民宿，我一邊跟他閒聊，他說這房子和馬六甲的故事，我聽一個年輕人愛自己地方的熱誠。他很安靜，說起話來慢條斯理，見到他常是正在屋裡工作的背影，房務打掃自己來，整個房子的細膩都出自他手，連廁所增建都造得成。

這裡多是歐美遊客，中文的閒扯給我們拉近不少距離，但聊再多我也就是萬中過客爾爾，回台灣後也沒再聯絡過了。由於太鍾情這房子和馬六甲，回台後我和雜誌社做了一整個馬六甲專題，也寫了一篇專文介紹Sam的旅店，並在出刊後把雜誌寄回馬六甲，我用這種方式代替回信，感謝也懷念這一段悠靜的旅行時光。

沒想過會再回來，此行也沒事先通知，遇不上沒關係，旅館客滿就換下一家，旅行講緣分，錯過總會有別的事發生。吉隆坡兩個小時就到馬六甲，從客運站轉搭公車到雞場街，不看地圖，從廣場下車直走右轉再左轉就到民宿。平時通常不會開的藍色大門沒變，按了一陣子電鈴（其實密碼我還沒忘），一位高大的白人光頭佬前來應門招呼，他說這裡現在由他管，Sam白天都在洗衣店裡。原來Sam又有新點子，在離民宿不遠處的轉角開了洗衣店。

這次住進民宿的二館，一樣是間清爽的老厝，樓梯旁是天井下透亮的客廳，下雨就拉起活動天窗，這也是Sam自己設計施工的。我住進有空調的宿舍床位，有個室友是在此打工換宿的日本歐吉桑，穿著「Hostel Crew」的踢恤東忙西忙，他告訴我Sam的洗衣店叫「Clean-Clean」。這有意思的小清新店名正是Sam會有的風格，和「Jalan-Jalan」一樣（馬來文的散步、晃晃之意），乾乾淨淨的、簡簡單單的、輕輕鬆鬆的，都是一種生活樣子的借代詞。

亂逛了兩圈沒找著洗衣店，索性到我常去的茶室喝茶，點了茶冰和麵包，茶冰是奶茶、麵包是吐司，大馬華人的飲茶文化可有趣的，回台灣後還是懷念，這家小店也是我再回來的部分原因。在圓桌旁看報納涼，眼前一棟純白木屋增建頗是可愛，仔細往招牌一瞧竟就是「Clean-Clean」。

純白的室內後方端景是大紅色普普風油畫，Sam就在櫃檯後方專心的熨著衣服沒發現我，我敲敲玻璃，他走向櫃檯慢了兩秒逐字說出我的名字，接著從櫃檯下方抽出我寄給他的雜誌，他說沒想到我在台灣是個作者，還曾經有台灣遊客來此跟他提起過。他的洗衣店跟民宿一樣令人喜愛，及腰的櫃檯左方一處缺口正是交遞洗衣籃的寬度，梅紅色刷過切面像蛋糕上的果醬滾邊，裡面幾張同色桌椅和籃子像草莓被擱在上頭，前台右側放了一座木長凳，左側牆面掛了參差相框幾幅，超迷你玄關是等候也是風景，衣服送洗也一起洗得人神清氣爽。

只有Sam才把洗衣店當咖啡廳來做，他說：「要喝咖啡對面茶檔叫就有了啊！」他坐在缺口上手搭著櫃檯，頭髮全往後梳一派斯文酷樣。洗衣店也是個苦差事，他一定是腦子裡存了好多畫面才開了店。櫃上一台小型洗衣機玩具還會咕嚕咕嚕唱歌洗起衣服，可愛的模樣非常討喜，門外小衣架和洗衣板當起活招牌，我想Sam的天分就是能把生活的片刻當作情調，並且動手實現。洗衣店便宜洗得乾淨就好，不只，衣服和想法一樣，非得雙倍Clean才夠。兩間民宿，一間洗衣店，不夢不想，就租下房子，親手打造。接下來還會有什麼在馬六甲角落裡冒出來，我非常期待。

「眞的很高興看到你回來！」我也很高興，旅行途經馬六甲時還有記得我的人事物存在。這兩天我看同一處日落、吃同一家晶露冰、逛同一個夜市、拜同一座廟，一直在回味。有下次就會有下下次，偶遇的錯過的或承諾的，深愛的旅行畫面髒了，如果還想留著，就再送回來洗衣店清洗一次，烘乾熨平好好收摺起來，多遠都好。

一家任憑時間走踏的旅店，是讓我喜歡馬六甲的最大誘因。

我原來想用「老民宿」來稱呼 Jalan-Jalan。

不過一家以「散步」爲名的青年旅館，立面門板上清亮的水藍色頂著草寫的馬來文店名，老闆年紀輕輕不過三十，除了房子和馬六甲這個世界文化遺產呼應著古城的歷史，其餘都是沒有包袱的自在翩然，近一百五十年的磚瓦和無線網路裡傳來的西洋流行歌曲對話，並無違和。當時間走踏在一幢老房子，居者來來去去，建築忠誠立足原地，人姑且取下一段時間暫居，來自天然土水的建築比我們留得更久，謙虛又低調。要拆要留或是動個誇張的換皮手術，也都任憑我們動手。人類的狂舞貪婪實顯羞愧，那些房子只是像面鏡子反映了居住者的人格。房子是任憑時間走踏，氣沉淡定。人呢？往往想盡了法子對抗著一日又一日的老去，張牙舞爪。老民宿的「老」就只等同了時間，並受到老闆和旅人的善意對待，也並不特別抬舉，於是兩方契合成了一種像散步的居住態度。

連上青年旅館網站搜尋馬六甲的落腳點，三十幾家的青年旅館依照房價、評等、地段等在每個旅客心中依照優劣排出順序，我卻是看上一張不明朗卻誘人的小圖，潔白棉質床單和質樸的木地板分割了畫面左右，不是堂皇外觀也不是溫馨大廳，是誰有如此把握讓這看不清旅店樣貌的圖片當作招牌？但這喀啦兩下的點擊開啓的是馬六甲悠然生活。

「Jalan」在馬來文意爲街道巷弄，Jalan-Jalan 兩個名詞相疊詞意則轉化爲隨處走晃、散步之意。從店名就可嗅出老闆對旅店想像中的畫面，散步隨興之餘也過濾需求不同的來客，網站裡幾句近乎警告的玩笑提醒，沒有紅地毯沒有香檳沒有電視，不要期待這個背包客青年旅館會有高級配備，以免招來了被便宜房價吸引卻奢求飯店享受的房客。

網頁上那張不明朗的小圖，我想就是用來招攬同道旅人的暗號。

旅店位於馬六甲舊城內，雖然幾步路程拐個彎就是人聲鼎沸的雞場街夜市、荷蘭廣場，不過從塞滿觀光客的大街轉進巷內，好似過了濾口閘門，一轉身就是寧靜的日常，各行各業悠然度日，寺廟誦經、居民納涼、老人午茶，除了賣紀念品的店鋪多了幾家，也不顧世界遺產究竟是哪樁。馬來人伊斯蘭教清眞寺、印度廟、中國寺廟同在和平街上共處，種族不只多元，更是眞實的比鄰。

Jalan-Jalan是一棟超過一百五十年的中國街屋，在街上不起眼的露出一幢立面，曾經是打鐵鋪，也做過藥草生意，歲月輪替至今，一個年輕老闆開起了旅館，做起了旅行者的生意。我則聯想起當年鄭和下西洋途經馬六甲海峽，那種旅行的氣魄，異常切題。

如果沒有當地人朋友家借住，一個接近當地人的居住範型實屬旅館業者的貼心表現，我住進Jalan-Jalan就是爲此而來，催眠自己住進了馬六甲的日復一日，住進了觀光客匆匆一瞥以外的毛細浸潤。

房子是傳統的狹長街屋，簡單的空間序列架構起一棟兩層建築，外觀看不見的第三層閣樓隱藏在某個神祕通道內。實虛交替出現讓空間組織簡單明瞭，客廳、客房、天井、客房、後院，一實間隔一虛。兩個讓風和光洩進的虛空間，讓房子的室內外界限模糊，是馬六甲街屋特色，也是老房子的空間亮點。一路從客廳走到後院底的廁所浴室，通道上沒有任何一道門阻隔，若室內室外是兩個顏色，那麼這條貫穿房子的動線就是條漸層色帶。

二樓的背包房甚至只和天井隔了門簾，一道木橋穿過天井連接兩邊，室內外的定義不亟欲透過門窗來界定。而這兩個綠色的空，有了空氣、光線甚至雨水也進了屋子內，此時居住的房子就像只是區隔起土地的一部分來居住使用，而非占據。

Sam直說他的房子如此破舊稱不上設計、不值得報導，但房子裡的處處用心卻皆是精準又細膩的出手，舊門片轉動之間滲入的光景保留了隱私流動了氣息、撿來的老電視櫃跟著時代變身公用電腦桌、門把是泥水工具、裁縫車架起洗手台、舊手提音響掛在牆角唱起西洋老歌、兩間親手築起的浴廁增建，這些都是用心的痕跡。

不單只供應旅人使用需求，一筆畫一留白，是深思熟慮用如此點滴角色營造起空間氛圍。Sam的手段都很輕巧，除了豎起不屬於老房子的輕隔間外，完全不外加多餘皮層掩蓋老房子，手摸得到一百五十年前的牆、腳踩得到三代以前就嘎嘎作響的木作樓梯與地板。

後院綠意盎然是不在話下，水痕青苔蘊起陋室水墨詩意，幾株輕便的綠意也攀附老屋之中，透過日晷般從天井映下的葉影，生氣盎然饒富文人雅興。

其實老屋在馬六甲比比皆是，但Sam把老屋適度赤裸展示給外地人，他只在空間中下了提示，然後將自身抽離出居住者與老屋之間，也不吹捧這房子的歷史有多少價值，於是旅人在數日的居住間與老房子的共處即是清閒散步，自然生活而已。

即使沒有世界遺產的提醒，馬六甲人還是一樣從小就住在這些比鄰的老屋之中，鐘錶行、餐廳、雜貨店、藝術工作室、旅店等各作所用，屋子是生活的場所，老屋這詞也沒有刻意被強調，屋子一直讓時間和人踩踏，爭辯房子在哪一天變老顯然無義也無趣。

老房子一直都在使用中，沒有遺棄又拾回，那就沒有所謂的閒置再造。過度近利的人們才以「新」爲本位，只要落後在「新」以後的一律以舊稱之，立足在這方，另一方就是偏見。就如台北都市更新下舊房子遭殃的元凶，是口袋深不見底的空虛，是房價邪惡奸笑的利誘，於是房子就成了免洗餐具不肯再用。

或許我們該站在時間軸上來看，往前往後都屬視線所及，皆出自腳下如斯平面，新房或舊屋只是移動我們的位置來觀看，房子的含意與價值是持續存在的，捨棄並非房子本身不堪，是怪我們意識形態上的無知與浪費。

散步者欣賞關注途中歷經的風景，謙虛尊敬；掠奪者貪婪濫用環境的資源用過即丟，自私可憎。時間歷史是資源也可經儲存，於建築外、於空間裡、於街道上、於屋簷下，展演於日常中也如陽光、空氣和植物般讓生活開朗明亮。

我們散步，我們住居，一種清淡柔軟的生活態度。

當初會來馬六甲其實與澤木耕太郎有點關係，因爲他在《深夜特急》提到馬六甲的落日。書或日劇都是幾年前看的，他到底提到了落日什麼，我已印象模糊，大概是「馬六甲有最美的落日」吧。

澤木眼中的落日成爲我第一次到馬六甲的任務之一，在那個無事之城，比起喝茶、散步等芝麻塡充小事，已算是很「正式」的行程了。

傍晚前我爬上紅屋廣場後方的小山丘，山上聖保羅教堂應是市區裡的制高點，向西望去無高樓阻擋，應能見到紅通通的夕陽沉入馬六甲海峽。日劇裡大澤隆夫飾演的澤木也是在一段急忙奔跑爬至高處後才看見落日的。

夏天的馬六甲天七點才黑，我等上好一陣子。落日是見著了，但離海尚有段距離，天色陰沉海岸死寂，以爲氣魄的海峽只是扁扁的一條塞在陸地邊緣的水線，夕陽的落點幾乎已快出鏡躲進陸地裡，不及格的落日應稱不上絕景。

是否因爲季節或地點不對？抑或那根本也只是虛構的情節？我倒也不是那麼在意，未解的答案就這麼放著。直到幾年後我才在台北車站的誠品書店裡翻書查證澤木到底寫了什麼。

原來，他雖爲落日而來，但那也是聽說的，是他大學時的西班牙文老師，說馬六甲海峽的落日又大又紅，後來他眞的在有著寬闊草坪前的海岸看到了落日。顯然是日劇誤導了我的觀夕點，也可能是我根本記錯了，爬上高處是錯誤推論下的巧合。

站在書店日本文學區書櫃前，我突然覺得自己可笑又可愛，摩羯座的個性在旅行裡表露無遺，不如把這執著當作浪漫吧。是我掉進澤木設下的局，追起他數十年前的遊記，哪有什麼能不變如昔的呢。當澤木「聽說」了西班牙文老師的旅行，我又聽說了澤木的旅行，哪天會有人再聽說我的旅行，來馬六甲找落日嗎？

「馬六甲海峽——世界最長暨最繁忙之海峽」，人工島上的海峽清眞寺旁，水泥碑上的文字印證了地理課堂上殘留的印象。眼前沒看見半艘船，厚重的雲層讓海看來極其清冷，新穎花俏的清眞寺不見信徒祈禱膜拜，我穿上寺方提供的藍色長罩袍，彷彿要參加一個人的畢業典禮，孤伶伶的占擁著空蕩海景。

島上盡是造鎮失敗的閒置空屋，凝結的馬路上許久才有一部車子經過，海岸被圍籬隔起無法親近，幾近廢棄的小島一如電影中居民皆已全數撤離的末日場景，差別只是成排的街屋沒有人使用過的痕跡，而街道也依然整潔。一台賣零食飲料的小貨車空等著慢跑散步的市民上門，這已是此處最熱鬧的景色。

這裡與擁擠的雞場街有好些距離，沒有觀光客會想來此參觀，我是在地圖上發現這凸出海峽之處而來，只是單純的想近距離目睹所謂的「馬六甲海峽」。說看風景，還不如說是瞻仰這個歷史地理之名更來得正確，到底有無景色可看已是次要。

到此一遊，一如那個聽說的落日，只是一個私有的理由。

Sam說馬六甲的海邊不美，我就沒追問該到哪個海邊去。沒看到滿意的落日，我還留著一絲希望。

又是某個無事午後，隨意依憑直覺，我走進一家高樓層度假飯店旁的小徑，按方向看來無疑是通往海邊。泥土小路沿著飯店後方圍牆前進，幾個巨大的設備通風口往上轟隆冒出熱氣，另一側是雜草蔓生的閒置空地，被用回收材拼湊成的圍籬圈起禁止閒人進入。這條路彷彿不是爲了通往哪個目的地，而是爲了區隔彼此而剩下的土地。

答案揭曉，是一片堆滿碎石塊的難堪海岸，海水汙濁無光，僅有裸露的土地也稱不上沙灘。左側一條百餘米長鴿舍般的建築就懸蓋在海面，人氣稀薄空蕩陰森，長長的走廊上只有高爾夫球車載著客人通往最末端還閃著霓虹營業的KTV，看來又是個失敗的商業計畫。

眼前的海仍舊無邊無際，只是不受青睞，彷彿看海的人都懷著忡忡心事，只有同被放棄的岸能相依。

侷促荒瘠之餘，眼見一面馬來西亞國旗迎風飄得張揚，是哪位詩人在此憶起探險家的過往榮光？細瘦浮木撐起國旗，在岔出的枝上掛著望遠鏡，彷彿要過路人都重新望見初衷的熱血。

落日背光將國旗上的星月透亮勾勒得銳利，鄭和的古典艦隊又重返航行於海上。

一名戴著暗紫色頭紗的伊斯蘭婦女靜坐一旁，兩個孩子興奮的預習展望航線，望遠鏡裡彷彿看到野心勃勃的未來。

這海岸宛如舞台劇裡的乾枯場景，一扇門就能穿時越空，兩盞燈就足以散灑滿空閃爍星斗。原來當今蕭瑟破敗都是謙虛鋒芒。

心滿意足的踱步回老城，近晚的光線將和平街染成略帶少許粉紅的奶油白，微弱漫射的昏黃日照讓沿街的天際線簡化成一條美麗的剪影。像一疊久放未用的白紙，泛了樸黃，但仍空白如初。熟透的纖維將墨色滲得更深，運起筆來的觸感是有溫度的柔緩，明明是綿綿舊物卻空降了煥然美感。

此時此城此巷美得令人屏息，我在潮州餐館旁的馬背山牆前耽溺了半晌，三十分鐘不到天就刷黑下來，另一頭的夜市燈火接著喧嚷亮起。

聽說，馬六甲有最美的落日。

d08 馬來西亞到新加坡兩座橋

中南半島上最南邊的陸地國界，也是最後一個。

其實中南半島在馬來西亞最南端的新山已經終止，新加坡是隔著柔佛海峽的島國。兩座跨國通道像吊襪帶將新加坡掛在歐亞大陸底下。更誇張些形容，新加坡超高的人造密度與現代化發展，與中南半島各國全然異質化，已像顆垂在石灰岩下的透亮水滴，隨時會脫落。

從一個國家到一個國家，跨越邊界對我是重要的，甚於比較兩邊國家的差異。我記述下途中的每次跨越，換車、走路、搭船或過橋，每回都因邊界的存在而必須調整自身姿態，有如道路上的裂縫或凸起，經過時總附帶一瞬震盪，提示著將臨的變異，即便差別只是相似的細微末節，都有個慎重的動作來轉接。

兩天前一抵達馬六甲，就直接在車站買兩天後要到新加坡的車票，問了幾家巴士公司都已客滿，原來新加坡人喜歡到馬六甲度週末，週日正是收假潮。幸好，一家巴士公司還有位置，只是一早十點就得離開。早起一向是我最困難的功課，就算在旅行時也不例外。

離開前到茶室喝了茶、吃了牛油麵包，記得在檳城時也是如此將城市收束打包。兩次來馬六甲，這家隆安茶室我已經光顧了不下十幾次，Sam 也常來，是他介紹給我的。把它當作台北公寓樓下的早餐店，在不變的城市角隅有一樣的味道，即便遊客的熟悉只是短暫，算是利用它營造些許迷幻歸屬。至少相隔一次分離，這是到訪兩次以上城市才有的把戲。

二十二令吉、三個小時就到了邊界，位於新山關口後是通往新加坡的新柔長堤。下車、出境、上車、過橋、下車、入境、上車，兩國的關口都如國際機場般新穎寬敞，一字排開的眾多櫃檯，旅客有如在講究效率的生產輸送帶上，流程明確通關快速，連入境卡都在巴士上就發放填寫。

平均每日有六萬車次往來兩國之間，原是相同國家的兩岸仍然因缺乏而彼此依存著，一公里多的斷裂，南北人車油水，這窄窄的通道日夜不停運輸彌補著。

橋再寬對於國家來說也只是沙漏間細瘦的頸子，星馬之間就這麼兩條通道，是否略嫌窘迫蹩腳？反觀自己的國家四面臨海，與他國的來往只是個小機場，客人出了機艙踏上台灣國土，伸手迎接的是只容兩人並肩通過的空橋，我才想起這是海島的宿命。何況台灣已沿海岸線自築了高牆，沒有道路，更沒有鄰國。

巴士下橋後駛進大雨中的新加坡，公路旁的植物高大濃綠，組屋樓舍色彩過分俗豔，濕淋淋的世界宛如野獸派的熱帶。這雨自啓程時一路沒忘下到了終點，我撐的小黃傘是隨身攜帶的太陽，在山林海島或市街低空發光，一道自北回歸線貫穿南國的軌跡，蒸騰冒著燥熱的濕氣，還以爲走過的路都因我已茂密成林。

八年前首次來新加坡，對馬來西亞尚一無所知，爲了看到柔佛海峽對岸的馬來西亞，我曾到克蘭芝地鐵站附近一處濕地叢林公園。走到水邊，對岸山坡上疊著紅屋頂的低層建築，一公里多的距離讓新山彷彿隔了描圖紙略感輕飄霧白。手機跳出馬來西亞電訊公司發送的簡訊，歡迎我光臨馬來西亞，當時仍是單色的小小手機螢幕上，就浮現了曾到馬來西亞一遊的證明，只不過是隔海借景。

巴士最後停靠在一處商場大廈旁，熱烈的大雨讓乘客抓著行李手忙腳亂，直到在騎樓底靜定下來，才看見我已處於百分百人造的文明都市中。此處是個華人很少的商場，像是中山北路上的金萬萬，招牌、商品或消費族群，都浮著一層陌生光暈。

把剩下的馬幣換成新幣，撐傘走到附近的地鐵站。

大雨持續，辦公大樓旁的草地修剪齊平，噴泉造景依然盡責定時射出不同高度的向心弧線，我走在排水良好的人行道上，想起泥路上常有的坑疤水窪和木屋前的潺潺流水聲。

站在售票機前，不預期的被轟然陌生偷襲，曾經來過的記憶已完全不剩，所有地名路線方位冷眼旁觀與我無干，先投幣或先按目的地非得先仔細閱讀機器上的說明。

我小看了八年時間的威力，一下子掀開以為準備齊全書包，才發現什麼都沒帶。裝熟就是這樣。

d09 預告與字幕

新加坡的地鐵系統密度高，要到青旅所在的牛車水站，就有好幾種轉乘方式可選擇。但不論怎麼走，有八成機會將在多美歌站換車，那也是我印象最清楚的新加坡地鐵站。三線交會的地鐵站挖空了地底，冗長的轉乘動線上設了平面手扶梯，天花板無垠挑高，電車彷彿運行在深不見底的海溝中。

又長又多的手扶梯就在節點上不停輸送著人群，一半往上一半往下，手扶梯的速度明顯比台北捷運快上許多，唧唧復唧唧，各色人種穿梭的動線就快織成一塊布。

許是熱帶的高溫讓人們不那麼冷漠，雖然人多擁擠，卻沒有香港那般的窒息感。地鐵裡人的談笑聲也多了些，不同的語言也像森林裡色彩各異的花朵四處綻放。可能溫度真能將城市與人們加熱，讓僵硬的表情活絡軟化，於是越接近赤道人們就越樂觀愛笑。

「Time for Taiwan」，手扶梯側板上台灣觀光局的廣告嚇著了我。

「該回台灣了」，是誰在旅途的終點布置了貼心提醒（也是恐嚇），彷彿歡迎回家的提前預告，在這萬人聚集的地鐵站裡向世界放送，告訴我該將放浪的情緒像行李一樣整理打包了。八十八，計畫前覺得不可能、出發時覺得漫長的最後一天，就到了。

八十八也只是從一到零中抽出兩個數字的組合，那天就像地鐵站裡上班族週間的每一天一樣平凡，手扶梯依然快速載著人們前進。旅行的結束也只是旅行中的一天，只不過在右側露出了斷面，等著被另一種型態的旅行銜接。

多年前來新加坡時，給自己玩了幾個遊戲。

其中一天搭上觀光巴士繞了城市幾圈，在同一個站牌上車又下車，把每條線都搭過一輪，小印度、烏節路、中國城，中途不下車，看著司機換班我仍坐在車上，只透過車窗玻璃看著沿街剖開的城市，自己彷彿滯銷的迴轉壽司在城市裡的軌道繞著。

另一天，我到了新加坡的東南西北，東部海岸公園、聖淘沙、西部海岸公園，最北邊則到了臨柔佛海峽的濕地公園。即使這些景點名不見經傳，搭了地鐵問了路又轉乘公車，最後的景色可能乏善可陳，我還是執意前往。因爲到了海就是邊界，便無路可走只能回頭，這城市即國家的尺度便能因此舉在一天之內輕鬆體現。

如今看來，這些行爲是幼稚輕蔑了些。

我總是不斷的給自己遊戲規則，正如四四乘二等於八八。我用工具測量起旅行，方位長短遠近或次數，那些或大或小的場域就有了我的獨享的軌跡。

在新加坡習慣隨餐喝水，也就是吃飯時多叫杯茶或飲料的意思，涼水攤店員總在食閣內穿梭流連，問桌上沒有飲料的饕客要不要喝水。在馬來西亞一杯水一塊四，在新加坡也是一塊四，金額相同但幣值不同，馬幣和新幣差了二點四倍，兩國的物價差於餐桌上一杯水可見一斑。

牛車水的青年旅館一個房間塞了十二個床位，一個床位要價台幣六百多元，比在會安不甘心住進的高級雙人套房還貴。物價過了柔佛海峽後疾速爬升，甚至已高過了台北一〇一，每每吃頓飯、買瓶可樂喝杯咖啡都在大驚小怪中無法平復。背包客的口袋很淺，甚至破了洞，僅剩的幾個銅板也從腳邊滾走。

過了幾年烏節路購物天堂依舊，但我彷彿從天堂掉入了凡世，摸不著軟綿綿的雲朵暗自啜泣，直呼這個已開發國家已把東南亞遠遠拋在後頭。

還來不及適應物價，沒去什麼地方，短短兩天就過去了。把行李寄放青旅櫃檯，晚上就得到機場過夜，準備隔天一早飛台灣。當時間不夠，新的舊的看過的沒看過的再也來不及一一探訪，才會發現小小的新加坡豐富得驚人，並還在持續繁殖增生中，一年當五年用，豪華郵輪都如魔毯飛上天，沒有什麼不可能。

" Richard Galliano Piazzolla Forever Septet - 20th Anniversary Tour
11 Sep 2012 Tue, 7.30pm / Esplanade Concert Hall / $48,$68 "

長長的地下街商場尾端通往俗稱大榴槤的濱海藝術中心，牆上貼著義大利手風琴大師加利安諾的演奏會海報。加利安諾無疑是世界第一手風琴手，幾乎與探戈大師皮耶左拉齊名。高度的國際化市場讓新加坡常被列在這些世界級演奏家的亞洲巡迴中，能欣賞到大師風采，令人好生羨慕。

再往下看「九月十一日晚上七點半」，不—正—是—今—晚—嗎—？

我的小宇宙在空調強冷的地下道裡烈焰爆發，立馬到藝術中心的櫃檯刷卡買了票，並且確認穿短褲是允許進場的。晚上原有的任何行程都已相形失色，刪除也不以爲意。上網發了照片，標註了幾個特別喜歡皮耶左拉的朋友，炫耀我那張瑞氣千條的入場券。這是我第二次進到這個場館聽音樂會。

這個結局彷彿早在出發那天就已被設定，蟄伏到最後戲劇化的現身，一下子填平了原本旅行將結束的失落空洞。

加利安諾自手風琴音箱拉出第一個長音，我就落淚了。

他胸前掛著鍵鈕式手風琴，像我背在前方的小背包，沉甸甸的陷進雙肩。風箱的推與拉是前進的力氣，手指按下鍵鈕後一件件人事物即飄落途中，雙手環抱撫摸著，緩緩默吟出心中旋律後，才看見了眼前風景。

手風琴搭配鋼琴六重奏，低音大提琴重複純粹和弦、鋼琴若有似無的點水弱奏、手風琴絲綢般的高音呢喃，魅力濃烈緊湊而不喧囂，一場沒有中場休息的屏息演出。燈光把演奏廳染成布宜諾斯艾利斯的小酒館，三個月來的沿途風景在舞台的上空放映著，讓我看了一部公路電影，彷彿只有你的音樂懂得我爲何旅行。

用一場女神降臨般的饗宴收拾旅行，我以爲夠完美了。

音樂會後來到海灣廣場上，左邊的金沙酒店，右前方成群的高聳大樓，都在夜裡不甘寂寞的發亮示愛。

整點，自金沙酒店上方射出炫目的雷射光束，冷豔的光線襯疊著音樂在海面上優雅梭巡。這人造天堂如夢似幻，將紙醉金迷的奢華推向了頂點，虛擬堆疊至高潮彷彿反成了最純眞的天然。如台北跨年夜煙花自一〇一炸開的那刹那，只是刹那，光彩灑滿了臉龐，笑容洋溢的親吻身旁伴侶，所有仰頭張望的人都充滿了幸福希望。

城市人在哪天成爲城市人的，忘了也不曾提起，又宿命又美好。

還記得出發那天，前往基隆港的客運上，前方的椅背被奇異筆塗鴉寫著「世界好可怕！」當時我的確感到不安。世界何以可怕？世界由無數個我集合形成，不同的我，我們是害怕另一個複製偏差的自己，於是旅行遠方從最初始的慾望自然，變成脫軌反常的事。

"I see trees of green, red roses, too.
I see them bloom for me and you.
I see skies of blue and clouds of white.
The bright blessed day.
The dark scared night."

從此我們說著都市語言，唱著矯情的歌，卻又感受到無比美好，而後感動落淚。

"And I think to myself,
What a wonderful world..."

片尾字幕升起，響徹海灣的西洋老歌如是唱著。

地鐵結束營運後的樟宜機場靜悄悄的，但還是有好些人來來去去，從容而不清冷，像加班中的深夜辦公室，沒有吵鬧的電話聲會響起，所有人專注的完成各自任務。

搭乘接駁電車到第一航廈，吃過速食店的炸雞餐，坐進一家提供網路的咖啡店，等待明天一早七點的飛機。

儘管樟宜機場號稱最好睡的機場，但對我來說，熬夜比早起容易得多，旅程就剩這麼幾小時，還滿捨不得闔眼。

我喜歡旅行在安安靜靜中結束，沒人注意。

便宜的班機總在深夜或清晨起飛，那時眾人皆睡，剩我一個人靜下來在空蕩的機場裡回想旅行，等候明天那扇門開啓。無人的劃位櫃檯裡空姐人型立牌陰森又甜美的笑著說：「要回去了啊？」像小說裡雲淡風輕的句點，是結束，沒有結局。自己一直都在毋須尋找，缺乏激情和大徹大悟。

海上密密麻麻停滿了國際輪船，雲朵潔白飽滿浮在空中，我把相機收在行李架上，安穩的看著橢圓窗外美麗而刺眼的風景。

這場旅行比起印度行是平淡溫順了許多，像慢慢徒步爬過一座山，沒有連篇的驚嘆好寫，滿足而踏實。不至於不捨的難過，也沒有歸心似箭，是一種「很想回家，又很不想回家」的錯亂感，這矛盾是平衡了、抵銷了，像桑卡拉武里的水淹寺，終至是平淡安靜。

自新加坡飛到台灣不會有多大改變，一樣說著中文，一樣乾淨明亮的機場，一樣悶熱潮濕的城市。

三

新加坡到台北的距離，是四個半小時的飛行，而我卻用了四百六十九倍的時間。說中文，乾淨明亮的機場，悶熱潮濕的城市。

桃園機場一航廈經過拉皮整形煥然一新，白色百頁遮陽板在大廳上空划出俐落弧形，充足的自然光射進室內，光潔的花崗岩地板映出鏡射倒影，空調強冷吹送，入境時彷彿走進了熱帶飄雪的山丘，仍然違和。因爲出境時搭船沒經過機場，不知一航廈是何時整修完成的，總之這是我離開三個月後收到的改變。

「桃園到新竹只要十分鐘喔！」高鐵站的售票小姐回答我。一個城市到一個城市只要十分鐘，這裡是台灣沒錯。

回國的這天，同時也是我兼課學校的開學日，下機後我得立即趕上下午的第一堂課，學生一點半會在五樓的教室裡等我。無縫銜接上工作，不留一點時間讓我醞釀，也省得我遲疑感傷，藉故推託呻吟。我與琳達媽約在新竹高鐵站，請他開車送我到郊區的學校。

新竹高鐵站多是往來台北和新竹間的竹科工程師，人人套上格子襯衫和卡其褲手提筆電，臉上像烙了鍵盤，需要協助他按下F5重新整理才能醒來。

我注意到月台上一位候車的年輕人，明顯在穿著上格外講究。

剪裁合身的細條紋襯衫，灰色窄版毛料西褲平整的蓋住皮鞋後跟，極簡金屬黑框眼鏡，兩側耳上修剪極短、精心抹上髮蠟的率性短髮。左手提著皮革原色的復古公事包，右手拿著樓下買的特大杯星巴克熱咖啡。公司識別卡放在與公事包一樣顏色的皮製證件套，插在左胸的口袋內露出五分之一，消光黑色的掛帶半垂在脖子與胸口之間。可能最後出門前還灑上了木質後味的淡香。

我在一旁觀察許久。剛畢業不久的他，爲了免於被淹沒在沉悶工作之間，細膩的布置自己，由這些細節建構生活樂趣，彷彿身上貼滿提醒自己記得快樂的紙條。人們稱之爲品味，讓自己或旁人都感到愉悅，並投以微笑的品味。

反觀自己前後揹著大背包格格不入的模樣，三個月沒剪的一頭亂髮，曬了八十八天的黑臉，褪色發白的短褲，幾乎磨平貼地夾腳拖。

若我有一片廣袤草原，就還會想要一匹野馬，而不是最新的手機。一年四分之一的時間不工作，在中南半島上恣意選擇方向決定停留。比起陽光、雨季和自由風景，那年輕人珍惜展示的品味在我眼裡不堪一擊。我也曾在東區街頭在乎這些，深感同情，想上前遞上一張面紙幫他擦去自卑與淚水。

琳達媽買了手搖飲料店的新產品玫瑰鹽奶蓋紅茶給我，紅茶上浮著一層又甜又鹹的奶霜，味道有些矛盾卻意外順口。從高鐵站上國道後到學校三十分鐘，我像穿過任意門的半進化生物，學生看到一個穿拖鞋、背著巨大背包來上課的狼狽老師，宣布這學期的作業和出缺席規定，明明是開學日卻搞得像快要放暑假的學期末。

旅行中斷，老師反常，一種不協調感吧。

d11 房間八號半

下課後，我回到高鐵站，準備南下。

家早在三個月前就被自己從台北的地圖上刪除，於是我揹著登山包回到台南的老家。第八十八天，旅行繼續。

旅行結束後特別令人放鬆，只是等著讓一切接上台灣的生活紋理，或許也可能是漸變成原來的自己。像是傷口慢慢復原時，必須休生養息讓皮肉生長，褪去結疤後重獲一角過於光滑的皮膚，待日後的侵蝕摩擦又回歸習慣的觸感。

在台南的幾天，讓母親準時照三餐餵食，見見朋友說說路上旅行，甚至只坐在民族路上的咖啡店看高中生騎著單車放學，都覺愜意無比。但舒服的日子過著，又覺該上路了，但明明就已經在家了不是？並非又想到哪去旅行，而是獨行的日子彷彿才是我認知中的安穩，那是有點病態也被轉化過的家的定義。

再回到台北。

似乎台北才有種無法落地的漂浮感，擁擠的人流把公寓房間、辦公室或便利商店都架空，然後彼此引力微妙的平衡，所有人都離地十公尺以上，尤其是外地來此求生的假天龍人被擠得更高，晃著晃著彷彿置身泳池加氯青藍的水，那早已是習慣了十幾年的常態。

「先住我這吧，再慢慢找房子。」R說。

R在曼谷就與我分道，我往南，他則北上回到清邁，又再各自旅行了兩個多禮拜後，已早我幾天回到台灣。

我暫時借住R的租屋處，在一家包子店六樓，和出國前就先堆放在這的台北家當，一起睡在寬敞的客廳裡。

R把wifi密碼抄在小紙條上給我，就像旅館櫃檯那樣。我並不需要拆開那些紙箱拿出什麼，要洗澡時就從登山包裡拿出換洗衣物，還是那幾件踢恤就晾在陽台上輪著穿。玻璃茶几當電腦桌，椰子床墊白天收拾摺起後塞到沙發下。一樣在外吃晚餐，搭捷運或公車在城市中移動，晚上順道進超商買瓶飲料回家。

「房間八號半」，第九十九天、一百天、一百零一天，生活還是如旅行時那樣，借住。

R睡得早，我睡得晚，我常在半夜客廳裡開著小檯燈、播著靜音電視一邊上網，所有人都已睡去，只剩北新路上往北宜公路偶爾呼嘯而過的大卡車，噪音還是能越過幾棟大樓傳到玻璃門後的客廳角落來。我想起半年多前在房間八號一個相同平凡無奇的深夜。房間如常雜亂、待洗的髒衣物溢出洗衣籃外、飲料空罐擺滿書桌的無奇深夜。

說平凡無奇卻又頗具意義，這次旅行就是當時莫名決定的，有夠莫名。彷彿忽然有一把小刀自紗窗外刺進我單人床與天花板間的空白，將失眠的狡猾渾沌割開，從傷口吐出了淤積的爛肉膿血，頓時通體無比舒暢。一個將「我想要」清晰正名爲「我要」的振奮夜晚。昨天和明天並無差異，只是不經意間被神祇鬼魅附身般的清醒或遇邪，心臟的血忽然倒流了千分之一秒，然後做了決定。沒有理由，大抵是因爲宣告過的旅行信仰，那個無須理由的信仰。從那時起，我就帶著「已核准」的文件安心並充滿期待的等候著出發那天來臨。

如今承諾兌現，旅行歸來，換過一間房，又想起相同的事。

〈夢裡預定的船票〉

「開啓一個新的資料夾，名稱暫且保密，宛如透露了就會失效的咒語。然後寫下幾個字的開頭序言。一把樂器、一台相機、一張船票、一張機票。嗯，我又將開始敘述一場旅行，稍稍熟悉又陌生的語氣，絲毫都無法抑制的興奮。在夢裡床前擅下的決定，這麼浪漫的堅決，我看是改變不了了。會成的，因爲旅費、工作和時間都已不成顧慮，這是旅行身爲信仰的無疑虔誠。2012.1.21」

那時寫的幾個字，誓約一般愼重，恍然間決定了六月要遠行，完成我八十八天的兩倍旅行。錯過這個暑假，可能是一年後，或更久以後。當時戶頭裡的存款有新台幣三萬七千八百六十四元，這是與「三十三歲男人的社會期待」嚴重不符的數字。若說旅行需要勇氣，大概就是拿來面對眾人檢視存摺餘額時的眼神。距旅行半年不到，這不是問題（視而不見），只是個數字。存款會用掉，但旅行經驗不會消失。我催眠自己，蓋了章的約，就無法作廢。

原本出發前要跟出版社簽約，把未來的這場旅行賣掉，預拿一半的版稅當旅費。簽約的前一天，我的編輯朋友B打給我說：「船橋彰，我要離職了。」

旅行者相信運氣，並且自詡擁有解決問題的能力。

最後約沒簽，錢沒拿，刷了船票和機票，束緊褲帶還是出發了。

借住了半個月後找到房子，搬離房間八號半，住進房間九號。每搬一次家，就丟掉一些無用累贅。編號不是大小尺寸，是遠近距離，是輕重質量。八號半比八號家當又少了點，九號比八號半又向前走遠了些。但換過了一間房，也許又會想起相同的事。

每個房間都是路上借住的旅館，入住、打開行李、打包行李、隔夜後睡醒退房。

我仍在城市中四處借住。

阿熙說，有錢和有時間都不難，難的是選擇生活方式。

到底這難題是解了沒？

後記——一年後寫這篇文章的同時，R拿出積蓄簽約買了山上的房子，下個月就可以搬進新家。恭喜他即將脫離租屋生活，有個可以隨心布置的窩，終於可以買張中意的大床和長桌，從此以後不用再搬家。

d12 月秀的臉書旅行

月秀是我媽。

每次返家回台南，不論我在哪下車，火車站、客運站或離家很近的高鐵接駁車站牌，月秀總是騎著小綿羊來接我回家。以往快到站前我會撥手機給他；現在則是改傳 Line 說我快到了，幾秒後就會收到月秀回傳來擠眉弄眼的OK貼圖，話都不用說上一句。

八十八天旅行結束後，月秀竟搶先我一步，進入了智慧通訊時代。臉書、打卡、貼圖和自拍樣樣來，線上追連續劇、打糖果已是每日的下午茶。

一跌入網路萬花筒裡，五十好幾的媽媽彷彿就像個女孩。

「我欲出國七逃三個月喔。」某次回家的路上，我用台語向機車後座的媽媽說。

忘了從何時開始，每次出門都只是報備，而不是徵求同意。自小極度自由的家庭教育，讓我早在小學的家庭調查表上就勾選了「放任」這個選項，一雙放任的家長能養出一個考前三名的模範生，那是令人引以爲傲的最佳答案。

「以後還要出去半年、一年的咧。」雖然月秀哇哇叫說會擔心，還是先打了預防針。

隨著我的旅行長度一次又一次加倍，月秀的心臟也越來越大顆。從早期買張國際電話卡每天打電話回家，到手機能國際漫遊，現在只須每周一次 Skype 外加幾張風景明信片報平安就行。

有回我在曼谷的百貨公司接到他打來漫遊電話，昂貴的電話費卻說著無要緊的日常瑣事，我急忙想掛掉的語氣露了餡，暴露了沒報備就跑到泰國玩的行蹤，只好多買幾咖斑馬紋曼谷包認錯。日本發生三一一地震時，我也在溫州街的咖啡店裡接到了月秀打來的電話關切：「你人在台灣吧？」

自從人際網絡進展到臉書時代以後，生活裡有好大一部分轉成文字或影像介面被螢幕屏蔽，不會拿來嘴巴上說，甚至整天都能活在臉書上。尤其對分住南北兩地的家人，只靠著電話聯絡就產生了訊息漏洞。

出第一本書時，所有關於出版的事都在臉書上發布分享，一忙就忽略了與母親提起，總推託著在出版之後再當面拿書給他一個驚喜。在第一場分享會前，我接到媽媽的電話，哽咽的說起爲何作爲一個母親竟是最後才知道兒子出了書。原來是有上臉書的表弟妹們在家庭聚會中聊起了我的分享會，媽媽才得知自己一直被蒙在鼓裡。

是我的不注意，把媽媽拋在臉書牆後，還以爲這是大家都跨得過的小門檻。

在我三個月的旅行間，月秀跟年輕同事學會了上網用臉書，每日追蹤我的中南半島行程。並在使用了智慧手機後進步神速，不只按按讚，截圖排版換大頭貼都很上手。

幾年前母親節送給他的數位相機早就被丟在抽屜裡，他說，現在拍照用手機就行了。留下想要的風景，分享生活中的感動，月秀從此開始了他自己的臉書旅行。

我以爲自己在書中使用的文謅詞語不是母親容易閱讀的，有天他跟我說：「你的冊我攏有在看，你在印度找嘸車坐，遇到了達賴喇嘛的保鑣，這些我攏知影。你一定以爲我攏看嘸。」一個人放著工作大老遠跑到落後未知國度去旅行的心理狀態，是連同輩朋友都皺眉懷疑的行爲，要媽媽了解並不簡單。

有天月秀說他要自己去旅行。搭了公車到台南郊區的佛寺去，上傳了途中記錄的吊橋、佛像和請路人幫忙拍的獨照（月秀說自拍容易顯老），人物照姿勢表情講究，風景照構圖角度恰當，並有系統的在臉書開啓了「一個人旅行」的相簿。

媽媽一個人孤單出遊，是自己不夠貼心沒有多陪媽媽，看著他自有主張的到處愜意遊走，我是藏著感動的。彷彿媽媽不只看懂了我的書，也看穿了我心底的自言自語，了解爲何我會一再獨自出門遠行，並親自用行動支持我。不論媽媽將來還會不會喜歡一個人旅行，至少已開始踏上自己的旅途，前往隨心所欲的風景中，拍下許許多多得意的照片。

事先上網查詢想去的景點風景美不美、知道往購物中心的接駁車幾分鐘一班、打電話詢問市區裡的公車何時到站、台鐵轉高鐵再轉地鐵、買捷運一日票比較划算，這些看似麻煩但自由自在的事，我們都做過。我與媽媽流著相同的血，喜歡相同的事一點都不該意外。

「沈憲彰」是爸媽給我的美好名字，兩肩有一雙不太對稱的翅膀、頭頂安全帽、直挺的背脊撐起軀幹遠望、附送一副能看得更清楚的望遠鏡和沉沉的一顆心，旅行該有的裝備都給我了，足以平穩的走遠飛高。還不忘留張稿紙，在回來後能寫下文章記遊。旅行在潛意識裡早埋下了伏筆。

月秀的最新自拍加工合成上化裝舞會的花俏眼罩，身穿水藍色寬版畢卡索風立體派圖案踢恤，雙手合掌斜靠在左臉龐溫柔樣，照片外加了閃亮亮的水鑽邊框。

媽媽五十好幾像個女孩，我三十好幾卻永遠是個小孩。

「明天幾點出門？早餐豬排蔬菜蛋餅加一顆半熟荷包蛋加大冰奶嗎？」月秀又從 Line 傳來了訊息。

請細看流與浪。起伏飄盪的「流」與「浪」，隨風起、因地心引力而落、打上岩石散成碎花、蝕洞盛留了水窪，隨遇逐流而安，何以計畫之？

途中某日，人在龍坡邦，收到流浪者計畫來信。原來是每年一次的流浪者計畫報名時間到了，我收到系統發出的廣告信函。

兩年前我曾經報名，遵照規定擬了一個計畫爭取流浪的機會。交出兩份報告書之後就如寄丟的明信片，直到網路上公告了錄取名單，我才去將其中一份領回。牛皮紙袋上頭用麥克筆標了一個編號，一個給失敗計畫的編號。

如何是成功的流浪？如何又是失敗的流浪？居無定所四處漂泊豈有高下之分？

我做了一個失敗的計畫，其他默默去把報告書領回的人也相同做了失敗的計畫，我們都有一個失敗的編號，要讓計畫成功復活只能自己想辦法。

這好像媽媽對小孩說，你成績太差，去補習也是浪費錢；哥哥功課好，放學後再加強一下就有機會上台大。

d13 流浪不需計畫

因爲缺旅費，所以我擬了冠冕堂皇的計畫爭取評審青睞。若不缺旅費，我還願意執行那多話的行程嗎？我試問自己。

「不。」若有求於人，計畫爲他人而寫；不求於人，行程則爲自己量身訂做。

其實弟弟和哥哥都不想補習，但哥哥被媽媽送到補習班認眞用功考第一，弟弟作業放著溜去打球打網咖了。

中南半島八十八天，就是個失敗的計畫。

世界遼闊未知，只要謙虛置身其中必然有精采碰撞，何需計畫來限制拖累？旅行的本質即是一門深遠功課，路上的際遇已是生活百科，何需多餘任務累贅加身？旅行時放低身段化作蓬鬆海綿，自然能吸足養分，五湖四海並毋須自備。我們只須選擇方向與去留，風景無刻不在。

有任務的旅行是尋親追愛、打工留學、外派出差或偷渡跳機，是調味過的旅行，擺脫任務才能品嘗純粹的旅行原味，人事地物風雨聲光，都是最新鮮美味的在地食材。

旅行有任務可以理解，但流浪有計畫就令人疑惑，「流浪」與「計畫」本是矛盾相反之詞，流浪計畫就像加了肉燥的素湯麵一樣弔詭。

背包旅行不等於流浪。流浪是高難度的夢幻逸品，沒有幾個人消費得起，我做不到，也不見得想要。

是我較眞了，計畫喚人出走看世界本是立意良善。或許流浪只是蛋糕上的裝飾奶油，要做好一個漂亮又好吃的蛋糕還是需要計畫，把蛋糕賣出去更需要計畫。

「已經在流浪了，流浪不需計畫。」在龍坡邦一家陽光充足的咖啡店裡，我賭氣又幼稚的回了廣告信。

d14 房間九號

「你看紅色大門的左上方，有沒有一把鑰匙？你自己先開門去五樓看一下，上面門沒鎖，我十分鐘後到！」過大的馬路背景音量讓房東在手機裡吼著，房東要房客自助看房子，還眞是頭一遭。

城市游牧族一定知道，老公寓的五樓就是頂樓加蓋。頂加是離天空最近的城市末端，若將屋頂隱形，躺上床就能在夜裡看見星空，而不是別戶人家。所有不相干的人都住在腳下，好似自己身處另一個視野更好的水平面。天空以下，城市以上，一種自欺式浪漫的離群而居。

雙拼公寓的頂樓不尋常的只蓋了兩間對稱的小套房，像砧板上一塊對半切開的板豆腐，還有很多空位。牆頂皆是厚實泥造而非簡陋的鐵皮，一邊一戶中央隔著梯間與天井互不相鄰。整個頂層留下五成日光曬得到的屋後露台，和退縮三公尺寬的浪板遮蔭陽台。前後院靠屋側的走道通連，靠牆擺掛著洗衣機和瓦斯熱水器。

小房間的牆外即室外，共有五扇對外窗，通風良好，光線充足。位處五樓末端的屋外不會有路人經過，女兒牆如矮籬畫出院子，巷弄人車彷彿流經屋前的小溪。

若忽略底下四層公寓，這裡就是一棟人造島上的獨戶小屋，眺望著台北汪洋。

打開沒鎖的空房，雙人床占去一半，低矮的天花上有滲漏的水痕汙漬；嵌進透空壁櫃的隔間牆後方，是僅容一人的小廚房；最尾端是有兩扇小窗的乾淨浴廁。臥室、廚房、浴廁的組合如一小塊三色軟糖，八坪大的小套房竟有設計得宜的空間序列，頗有舊時代匠師才有的細膩用心。從地面上覆貼的仿木紋耐磨地板和瓷磚看來，屋主應剛翻新過不久。

沒見著房東，我便回撥電話，殺了五百元房租後，約定隔日簽約。

原本想住到士林以北的市郊去，但還是爲了熟悉的咖啡店留在南區，只是從新店搬往一河之隔的景美。

雖然還來不及把全數家當都搬走，但爲了不多打擾R，簽約過後簡單清掃，床還沒鋪，我便帶著旅行用的登山包先住進了新家。一如旅行，若一個背包就足以生活，那麼那些堆放在R家成塔紙箱中的是些什麼？是可有可無？是必需？或盡是無用之物？

之前搬家一台貨卡便能一次解決，這次我決定以身體能負荷的方式，肩背手拿搭捷運搬家。愚公移家，一天搬一些，像蠶把桑葉碎口啃噬，又將繭纏絲織起。仔細看清這些瑣碎的生活物件究竟是什麼，計算到底要幾趟才能把一個家運走。以背包爲單位，透過肉體的背負確實感受一個單身漢之家的重量，是幾倍旅行的分量。

登山包能像蟒蛇般將除濕機吞入腹中，板凳和棉被也能一起塞進洗衣籃中帶走。我有如裝備多變的變形金剛，卡接上各式生活道具上了捷運，在車廂裡留下異常的通勤即景，進站出站，一趟又一趟。

掛上時鐘、擺上公仔、點亮黃燈、接上喇叭，新房間空白漸少，生活的粗糙面產生之後，才開始與台北摩擦出的像樣溫度。

路上的風景是借用的安慰，移動的房間中有共享的情趣，因此旅行時可以不需要背包以外的家當；當移動終止，但生活仍持續運轉，於是靜止的房中便不停的堆積情感剩餘的廢棄物。舉凡唱片書籍、情人舊物或年少回憶，都似流不過排水孔的毛髮，蓄積成球。於是我們也常趁搬家時定期清理，健忘些才讓生活不致淹沒淤塞。

文青雜誌中推薦的日本進口小杯盤、當紅偶像演唱會開賣日的超商搶票、熱門早午餐店領號碼牌的大排長龍、連鎖咖啡店今天又買一送一、朋友婚宴斟酌交情考慮要包多少、報名繳費參加沒完沒了的怪名堂路跑、擔心什麼油有毒什麼麵包又不能吃。以上這些，旅行時都不需要。

旅行帶走的五本書，四本留在路上，只剩沒看完的《一九八四》跟著回來。

旅者置身一條不停流動的河川中，即使水面偶有雜物漂過也毋須擔憂，因爲一切皆是稍縱即逝，遑論堆積。生活只靠轉手借用，不須囤積私有，因此旅者常是清澈如鏡，眞實得可愛又可怕。

最後把映像管舊電視以兩百元賣到二手店，家才搬完。

新證件、新錢包、新手機，所有自己曾經存在的證據都是新的，旅行後的我是新的，連房間和城市都是新的。我名副其實的展開新生活。

早晨，陽光直射進亮白的浴室，在洗手台與地磚炙出一斜攀光帶，刷牙時能從窗口看到屋後六層樓高的玉蘭花微微搖曳，那些比巴掌還大的葉子常飄落天台上，得定期撿拾清掃；停著腳踏車的陽台桁架下就能晾衣服，天氣好時讓房門敞開著，室內漫射起柔和日光，室外也能聽見桌上音響播放的音樂，陽台上搬張椅子便能吹笛子、看書、看風景、看對面的伯伯在天台上種菜。

房間九號，我在台北找到了泰國水邊的高腳小屋。

把大紅色的登山包擦乾淨、曬乾、裝進黑色大垃圾袋，放至伸手碰不到的衣櫥上。

一切安妥，旅行至此。

接著打開筆電，開始動筆遊記，第一篇從房間八號寫起。

從這，到那，重來，旅行再加一倍。

人生中，會加倍的東西除了年齡和體重以外並不多，旅行是我能做到的其中之一。

兩倍半島，又自桌前啓程。

20131104 @ Pica Pica, Taipei.

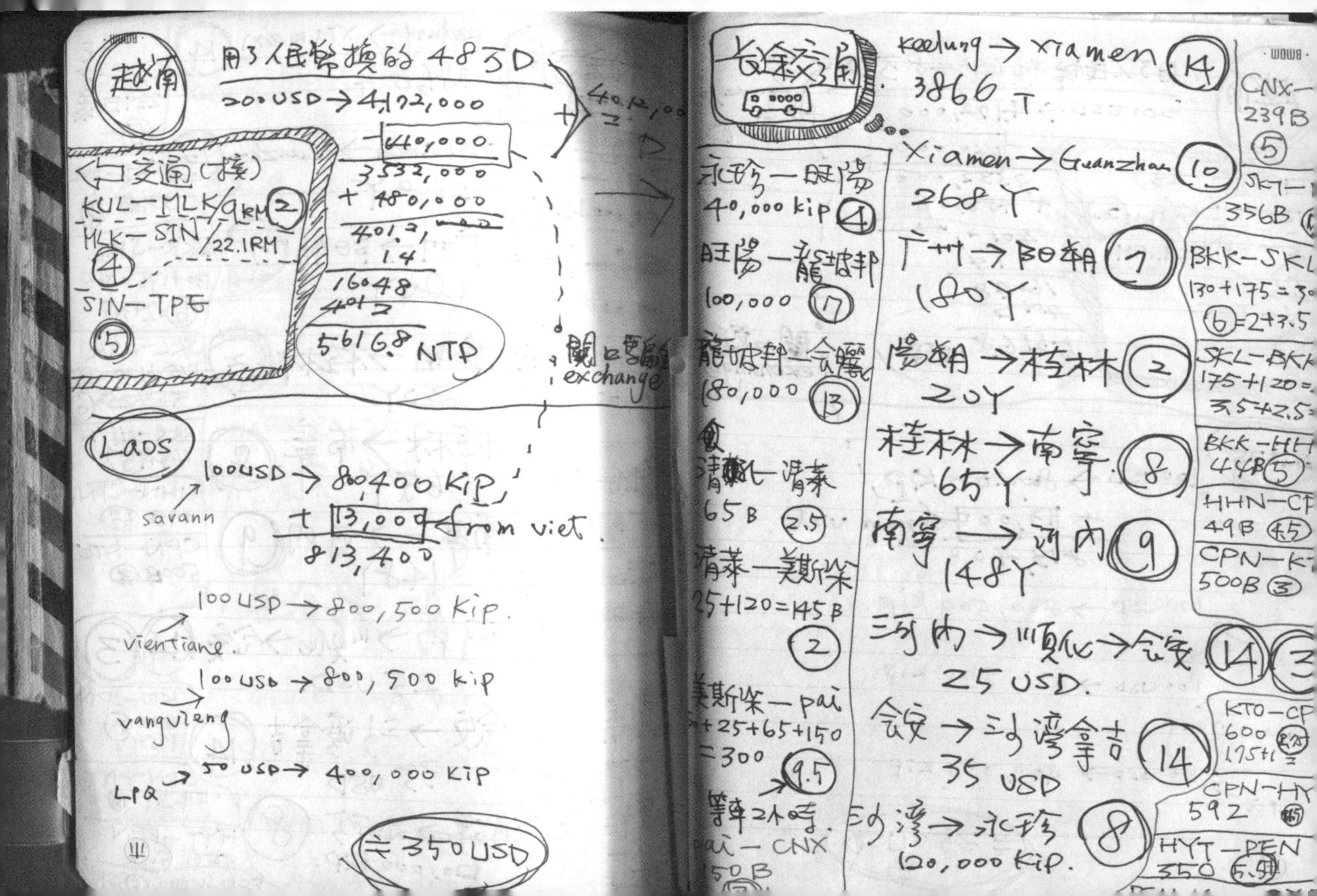
越南
用3人民幣換的48万D
200USD→4,172,000
-640,000
3,532,000
+480,000
401.2
1.4
16048
401.2
5616.8 NTD
交通(接)
KUL—MLK/9RM ②
MLK—SIN/22.1RM ④
SIN—TPE ⑤
exchange
Laos
100USD→800400 Kip
savann
+13,000 from viet
813,400
100USD→800,500 Kip.
vientiane.
100USD→800,500 kip
vangvieng
LPQ→50 USD→400,000 Kip
≒350USD
長途交通
Keelung→Xiamen ⑭
3866 T.
Xiamen→Guanzhau ⑩
268Y
廣州→陽朔 ⑦
180Y
陽朔→桂林 ②
20Y
桂林→南寧 ⑧
65Y
南寧→河內 ⑨
148Y
河內→順化→會安 ⑭
25 USD.
會安→三的灣拿吉 ⑭
35 USD
三的灣→永珍 ⑧
120,000 Kip.
永珍—旺陽
40,000 kip ④
旺陽—龍坡邦
100,000 ⑰
龍坡邦—会曬
180,000 ⑬
清邁—清萊
65B ②.5
清萊—美斯樂
25+120=145B ②
美斯樂—pai
+25+65+150
=300 ⑨.5
pai—CNX
150B
CNX—
239B ⑤
356B
BKK—SKL
130+175=
⑥=2+3.5
SKL—BKK
175+120=
3.5+2.5
BKK—HH
44B ⑤
HHN—CP
49B ④.5
CPN—K
500B ③
KTO—CP
600
175+
CPN—HY
592
HYT—PEN
350 ⑤.5

PCSB
PHEK LENG
碧龍
有限公司
SHARIKAT PHEK LENG
8

PFK 9908
PGQ 2177
PGV 55
PGP 8148
X1 ASEAN 57
PGS 5355
PGW 8180
PGS 821
PFR 25
PGR 3228
PEG 1
A-G-1 104
A-1-1
BGJ 8800
BHJ 6513
PEY 777
PBV 737
PCX10
PGK 1166
PGQ 5745
PGQ 406
PGR 9831
JGK 5230
PGD 3229
PGR 8221
PGR 8668
PGQ 5745
PFU55
PGJ 786
PGB 77
PFS 8789
PFX 1128
PGR 1288
PGK 8290
PEY1188
PGC 9163
PGY 9936
BJH6111
恭喜發財 萬事如意
S366 DSG
PED 7046
PJX168
PGM18
PGL 3168
PFS9278
PGV 13
PJF8522
PHV 7070
PER 5433
PHB 5001
WFK76
PHR 5487
PHX7
PGS868
PSS9778
KRI515
PJV9178
PEG 9000
PED7046
PGV 7765
PHB 2255
PFW6298
PEN 6163
PGL366
PGL366
PEE 21
PDD9
PGE363
PEN6163
成成企業
S.SENG ENTERPRISE
GIM1257
PGR 1202
PHA171
PFR 6889
PGU 2692
PGR 8878
KERAJAAN PULAU PINANG
PGB118
PSS9778
PSS3629
WJD 966
PGV 9868
PHD9801
PFR1096
PJK 838
WCA 6868
KRI515
PHX 9686
PKP
PG300
PGX9966
PGW 9989
PHA8699
SUKOM 1470
PHA 7822
W69
PAL88

WAH TAH
ENTERPRISE SDN. BHD.
時裝

隆安茶室
000195561-V
LUNG ANN
REFRESHMENTS

FOR RENT

AIR CHINA
EXIT
Trolley Return
POSITION
CLOSED

046-B5
超清晰
in D major, K. 314 (285d)
for Flute and Piano
FLUTE
WOLFGANG AMADEUS MOZART
Edited and provided with
Cadenzas by JEAN-PIERRE RAMPAL
Allegro aperto

影像索引——

兩倍半島——中南半島移動事件集

人文旅遊 KTC3021

作者——船橋彰
責任編輯——楊佩穎
封面設計——風景派出所
內頁設計——風景派出所
執行企劃——張燕宜
校對——沈憲彰、楊佩穎、吳美滿

董事長
發行人——孫思照
總經理——趙政岷
執行副總編輯——丘美珍
出版者——時報文化出版企業股份有限公司
（一〇八〇三）台北市和平西路三段二四〇號三樓
發行專線——（〇二）二三〇六－六八四二
讀者服務專線——〇八〇〇－二三一－七〇五、（〇二）二三〇四－七一〇三
讀者服務傳真——（〇二）二三〇四－六八五八
郵撥——一九三四－四七二四時報文化出版公司
信箱——台北郵政七九～九九信箱
時報悅讀網——www.readingtimes.com.tw
電子郵件信箱——ctliving@readingtimes.com.tw
第一編輯部臉書——https://www.facebook.com/readingtimes.fans
時報出版生活線臉書——http://www.facebook.com/ctgraphics
法律顧問——理律法律事務所 陳長文律師、李念祖律師

印刷——詠豐印刷有限公司
初版一刷——2013 年 12 月 27 日
定價——新台幣 380 元

行政院新聞局局版北市業字第八〇號

兩倍半島／船橋彰著．－初版．－臺北市：時報文化，2013.12
面；公分．－（人文旅遊；KTC3021）
ISBN 978-957-13-5853-6（平裝）

1. 遊記 2. 亞洲

730.9　　102021625

978-957-13-5853-6
Printed in Taiwan.